Volker ut Westerend

Nordseefische gehen auf Wurm

» Schöne Ferien an der Waterkant «

●

Der lustigste Urlaubsratgeber am plattdeutschen Strand

Meinen lieben Feriengästen als Antwort auf ihre immer wiederkehrenden Fragen gewidmet.

Hier sind nur einige:

Wird es regnen?
Gibt es Sturm?
Geht der Nordsee-
fisch auf Wurm?
Was tun, wenn's
Urlaubsgeld nicht reicht?
Geht Krabben pulen
wirklich leicht?
Sollst Du Ansichts-
karten schreiben
oder läßt Du's
besser bleiben?
Was hilft, wenn am Nackt-Badestrand
'ne Erektion Dich übermannt?
Roher Hering
oder Sushi?
Im Urlaub mal
'ne and're Muschi?

Laßt Euch hier die
Antwort sagen
auf Eure oft
gestellten Fragen.

Volker ut Westerend

Nordseefische gehen auf Wurm

» Schöne Ferien an der Waterkant «

•

Der lustigste Urlaubsratgeber
am plattdeutschen Strand

Nordseefische gehen auf Wurm

Volker ut Westerend
e-Mail: volker-ut-westerend@t-online.de

Cliparts: COREL® GALLERY™ Magic
der Corel Corporation Ltd.

Rebecca Sachs (3)

Herstellung und Verlag:
Books on Demand GmbH,
Norderstedt

Erschienen 2004

ISBN 3-8334-0025-0

Inhaltsverzeichnis

Vorwort

Sehr verehrte Frau Touristin,
sehr geehrter Herr Tourist,
liebes Touristenkind,
Reiseführer, die Ihnen sagen, wie Sie sich in Ostfriesland am besten zurechtfinden, gibt es wie Sand am
ostfriesischen Meer. Mit diesen Reiseführern kommen
Sie auch tatsächlich ganz gut durchs Land. Aber
vergeblich werden Sie in diesen Führern Antwort auf
die Frage suchen, warum es in Ostfriesland so viele
Fliegen gibt und wie man sie in den Griff kriegt. Man
sagt Ihnen nicht, daß es hier Mücken gibt und wie
man sie beherrscht, wie es zu den FKK-Stränden in
Ostfriesland gekommen ist und wo sie zu finden sind.
Niemand sagt Ihnen, wie Sie durch einfache Wetter-
Beobachtungen selbst vorhersagen können, ob es
regnen wird oder ob es bereits regnet, niemand sagt
Ihnen, woher der Wind in Ostfriesland weht oder wie
man fachgerecht und kräftesparend Krabben pult.
Niemand sagt Ihnen, ob und wie Sie sich nach Ein-
führung des Euro überhaupt noch einen Ostfriesland-
Urlaub leisten können. Man läßt Sie mit Ihren Fragen
allein.
'Nordseefische gehen auf Wurm' ist nicht nur ein Rei-
seführer durch Ostfriesland, er ist vielmehr ein echter
Urlaubsratgeber, der Ihnen hilft, Ihren Ostfriesland-
Urlaub zu einem wirklichen Urlaub werden zu lassen.
Offene Fragen, ja selbst Fragen, die Sie vielleicht
niemals stellen würden, werden beantwortet. Sie erfahren also mehr, als Sie überhaupt wissen wollen.
Und endlich erfahren Sie durch diesen kleinen Urlaubsratgeber erstmals auch, was zu tun ist, wenn Sie
am FKK-Strand von einer Erektion übermannt werden.
Wenn Sie Ostfriesland bereits zu kennen glauben,

dann werden Sie schnell merken, daß Sie Ostfriesland doch noch nicht so richtig kennen. Aber es ist gut und hilfreich, daß Sie Vorkenntnisse haben. So nützt Ihnen dieser Ratgeber hier noch mehr, weil sie ihn besser verstehen und ihm in erster Linie heitere Seiten abgewinnen und mit einem Lächeln letzte Wissenslücken schließen werden.

Aber nicht nur in Ostfriesland sind die 'Nordseefische' hilfreich für Sie. Auch in Nordfriesland und an den deutschen Ostseeküsten helfen sie Ihnen weiter. Ostfriesland finden Sie an allen plattdeutschen Stränden.

Und weil die 'Nordseefische' sich immer mal wieder mit Ihren Lachmuskeln befassen, sind sie zudem auch noch außerordentlich gesund.

Viel Spaß beim Lesen also und »schöne Ferien an der Waterkant« wünscht Ihnen

Volker ut Westerend

Moin
Mehr als nur eine Tageszeit

Moin (sprich: meun) ist der zu jeder Tages- und Nachtzeit passende und deshalb auch verwendete Universalgruß der Ostfriesen, der sich bis an die dänische Grenze durchgesetzt hat.

Grüßen auch Sie mit einem freundlichen Moin, und sparen Sie sich solche Zungenbrecher wie Morjen, Morg'n oder, noch schlimmer, Wörter wie Tach oder Mahlzeit.

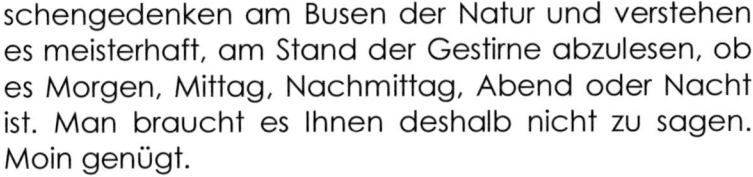

Mit Moin kommen Sie überall zurecht.

Ostfriesen leben seit Menschengedenken am Busen der Natur und verstehen es meisterhaft, am Stand der Gestirne abzulesen, ob es Morgen, Mittag, Nachmittag, Abend oder Nacht ist. Man braucht es Ihnen deshalb nicht zu sagen. Moin genügt.

Damit Sie es aber nun endlich einmal wissen: Moin hat mit dem Morgen nicht das Geringste zu tun. Moin ist ein aus dem Ur-Friesischen stammendes Lehnwort, das seinen Ursprung in (niederländisch) mooi (sprich: meu) hat. Und mooi heißt nichts anderes als 'schön'.

Und so werden Sie bei schönem Wetter im niederländischen Friesland häufig die Bemerkung 'mooi weer' hören, während man in Ostfriesland etwas knapper 'moi weer' sagt. Beides wird gleich gesprochen und meint in etwa: 'Schönes Wetter heute'.

Mit 'Moin' wünschen die Ostfriesen sich und Ihnen also kurz und prägnant rund um die Uhr eine schöne Tageszeit.

Friesisch wird, Sie haben es erraten, im niederländischen Friesland gesprochen. Friesland liegt an der niederländischen Nordsee, und zwar etwa zwischen Ijsselmeer und Lauwersmeer. Frieslands Hauptstadt heißt Leeuwarden. Das niederländische Friesland ist die Wiege aller Friesen, ob nun West-, Ost- oder Nordfriese.

Äußersten Wert legen die niederländischen Friesen auf die Feststellung, daß sie keine Holländer sind. Die Holländer wohnen in Holland. Das ist die Gegend rund um Rotterdam.

Nach diesem kurzen Ausflug ins Nachbarland nun wieder zurück nach Ostfriesland:

Als Abschiedswort verwenden die Ostfriesen das nicht ganz so unbekannte 'Tschüs'. Aber sagen Sie nie: 'Tschüs bis moin'. Wenn Sie sich bis zum nächsten Tag verabschieden wollen, dann sagen Sie: 'Tschüs bis morgen'.

Ansonsten kommen Sie in Ostfriesland auch mit Deutsch ganz gut durch. Das ist an den hiesigen Schulen sogar Pflichtfach. Die Ostfriesen sind ohnehin sehr sprachbegabt und verstehen alles. Auch das, was sie nicht hören sollen. Aber das soll es wohl auch in anderen Landstrichen geben.

In Holland wird holländisch gesprochen, im niederländischen Friesland wird das eigentliche Friesisch gesprochen, in der zwischen Friesland und Ostfriesland gelegenen Provinz Groningen[1] spricht man ein dem Ostfriesischen ähnliches Friesisch, in Ostfriesland spricht man ostfriesisch, in Nordfriesland spricht man platt. Aber das ist ein ganz anderer Schnack.

---

[1] In Groningen ist jeden Dienstag und Samstag Markt. Eine Tagestour dorthin ist ein Erlebnis und lohnt sich immer.

Tourist
Der gern gesehene Feriengast

Als Touristen bezeichnen die Ostfriesen die lieben Feriengäste, die Ostfriesland mit seinen Ostfriesen so nehmen, wie es ist, die hier Ruhe und Erholung suchen und finden und die sich am Ende ihres Urlaubs von ihrem Gastgeber ihre Unterkunft gleich wieder für den nächsten Urlaub reservieren lassen.
Touristen passen sich an Ostfriesland an, sind höflich, zivilisiert gekleidet und unterscheiden sich von den ostfriesischen Ureinwohnern meistens nur durch die andere Sprache, die sie sprechen. Häufig haben sie aber auch schon die ostfriesische Landessprache erlernt. Wie auch sonst überall üblich, die Schimpfwörter zuerst.

Touristen sind gern gesehene Badegäste und geschätzte Devisenbringer, die nie vergessen, daß sie im Gastland Ostfriesland Gäste sind. Für diese Gäste tun die stets hilfsbereiten Ostfriesen auch gern mal etwas aus reiner Gastfreundschaft, nämlich umsonst.

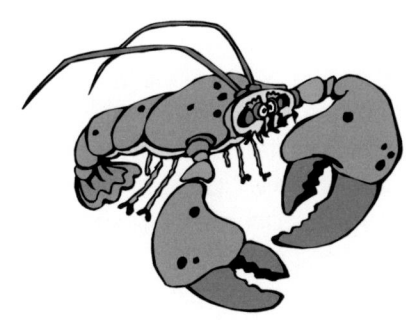

Turie

Man freut sich über sein Kommen, noch mehr über sein Gehen

Turies sind Weltenbummler, verirrte Ballermänner, die da glauben, das scheinbar total unterentwickelte Ostfriesland erstmals (für sich) entdeckt zu haben. Man erkennt sie schon von weitem an der für Turies typischen Bekleidung und Kopfbedeckung, die sie auch in der Drosselgasse zu Rüdesheim tragen oder im Ballermann auf Mallorca.

Turies verfügen nur an wenigen Tagen im Jahr über größere Geldbeträge. Für diese Geldbeträge wollen sie die Puppen tanzen lassen. Sie glauben, daß man für Geld alles haben kann.

Turies begegnet man überall. Sie tun so, als seien sie die Herren im Lande. Sie haben ständig etwas zu nörgeln: an der Unterkunft, am Essen, an den Getränken, an den Preisen, am Wind, am Wetter schlechthin. Auch ihre Gastgeber und andere, echte Touristen lassen sie nicht aus.

Glücklicherweise haben Turies ihr Geld schnell auf den Kopf gehauen und verschwinden nach kurzer Zeit wieder. Meistens trifft man sie nur in den Sommermonaten an. Im Herbst gehen sie auf Kegeltour in die Drosselgasse in Rüdesheim, und in den Wintermonaten begegnet man ihnen als würdigen Vertretern unseres Vaterlandes auf den Balearen.

Das ist auch gut so, weil die Einwohner Ostfrieslands die Herbst-, Winter- und Frühjahrsmonate brauchen, sich von den Turies zu erholen und die Spuren ihres Besuches wieder zu beseitigen.

Reisezeiten
Natürlich ganzjährig

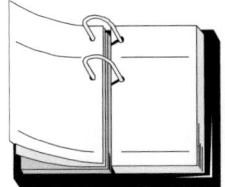 Am besten besuchen Sie Ostfriesland in den Herbst-, Winter- und Frühjahrsmonaten.
Zwar sind dann die Ostfriesen immer noch da, aber der Massentourismus ist vorüber. Sie haben die Strände für sich, können stundenlang über die Deiche gehen, ohne einen Menschen anzutreffen und auch in den hübschen Städtchen Ostfrieslands tritt Ihnen niemand mehr auf die Füße, wenn Sie einen Stadt- oder Einkaufsbummel machen.

Ab der zweiten Oktoberwoche wird es richtig gemütlich in Ostfriesland. In den Cafes und Restaurants gibt es genügend Platz, das Bedienungspersonal ist noch freundlicher, nicht so gestreßt und hat auch mal Zeit für ein Schwätzchen mit Ihnen.

Am letzten Oktobersonntag werden schließlich die Uhren wieder um eine Stunde zurückgestellt. Dadurch werden die Nächte wieder länger, und Sie können so richtig schön ausschlafen und sich erholen.

Transrapid
Für den schnellen Urlaub zwischendurch

Dem aus der Not geborenen, allgemeinen Trend zum Kurzurlaub trägt Ostfriesland voll Rechnung und hat als erstes Bundesland einen Transrapid angeschafft. 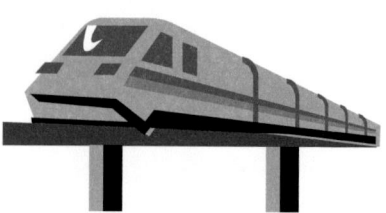 Seine Trasse führt im Oval über alle sieben Inseln und quer durch Ostfriesland an allen Sehenswürdigkeiten vorbei. In den Reisebüros kann die Reise 'Ostfriesland erleben .... in zwölfeinhalb Minuten' als Last-Minute-Reise gebucht werden. Vielleicht sind es ja tatsächlich Ihre letzten Minuten, die Sie im Transrapid verbringen. Nutzen Sie daher unbedingt diese Chance, noch schnell etwas zu sehen und zu erleben.
Start und Ziel der kurzen Rundreise ist der Flughafen Emden. Mit 'Ostfreesian Airlines' wird dort eingeschwebt. Direkt an Gate 1 wartet der Transrapid schon auf Sie. Gehen Sie schnell noch einmal auf das dort bereitstehende Dixie-Klo. Im Transrapid gibt es nämlich keine Toiletten, weil man es während der kurzen Reise auch mal ohne Klo aushalten können muß und weil einem sonst während der Klobenutzung ja alles entgehen würde, was die Landschaft zu bieten hat. Es ist allerdings geplant, daß bei entsprechender Nachfrage für diejenigen, die während Zugreisen auf einen Klogang nicht verzichten können oder mögen, ein spezieller Klowagen angehängt wird.
Nach dem Klogang dann hinein in den Zug. Ein kurzes Anschnallen an den Sitzen und schon geht's los. Schnurstracks nach Borkum, dort in eine scharfe

Rechtskurve (festhalten!) und über Juist, Norderney, Baltrum, Langeoog, Spiekeroog nach Wangerooge. Dort geht es wieder in eine scharfe Rechtskurve (wieder festhalten!) und aufs Festland. In der Höhe von Hooksiel kommt die nächste Rechtskurve (auch dort festhalten!), und dann geht es ein bißchen in Schlangenlinien zurück nach Emden.

Sie werden gar nicht so schnell gucken können, wie Sie gefahren werden. Das macht aber weiter nichts. Ihre Rundreise wird mit Hochgeschwindigkeitskameras gefilmt und zwar sowohl von der linken, als auch von der rechten Zugseite aus. Dadurch haben Sie bei der späteren Betrachtung der Aufnahmen den Eindruck, als würden Sie Ostfriesland im Cockpit des Transrapid erleben. Das 5000-fache Zoom sorgt zudem dafür, daß Ihnen auch nicht die geringste Kleinigkeit Ostfrieslands entgeht.

Am Zugausgang erwartet Sie dann schon der Schaffner und überreicht Ihnen wahlweise die Video-Kassetten oder DVD's mit den Original-Aufnahmen von allem, was Sie während Ihrer Rundreise gesehen haben könnten. Ihr Flieger wurde inzwischen aufgetankt, und Sie können sofort die Heimreise antreten.

Dieser Kurzbesuch in Ostfriesland mit dem Transrapid dauert tatsächlich nicht länger als zwölfeinhalb Minuten. Wenn die Anreise nicht wäre, könnten Sie also während der normalen Arbeitszeit mal eben vierzehn Tage Urlaub in Ostfriesland machen, beispielsweise in einer Pinkelpause.

Der eigentliche Urlaub aber wird preiswert zu Hause in Ihrer gewohnten Umgebung genossen. Die Hochgeschwindigkeitskameras haben alle ostfriesischen Sehenswürdigkeiten aufgenommen, und Sie werden alle Abende zweier Wochen benötigen, um sich die Kassetten

oder DVD's anzusehen und überrascht festzustellen, wo überall Sie gewesen sind. Und das ist für alle, die sich aus Zeitgründen nur einen komprimierten Urlaub leisten können, nun wirklich ein vollwertiger Ersatz für zweiwöchige Ostfriesland-Ferien. Einen  kräftigen Ventilator sollten Sie sich allerdings noch gönnen, damit Ihr Eindruck, daß Sie beim Betrachten der Bilder in Ihren eigenen vier Wänden von ostfriesischen Winden umspielt werden, auch wirklich perfekt wird.

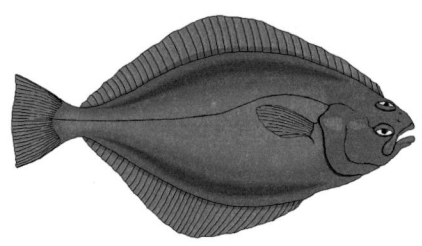

Allein in Urlaub?
Einer für alle, ob das wohl gut geht?

Die Einführung des Euro hat alles viel teurer gemacht, und viele Menschen, ja ganze Familien, sind deshalb zum Sparen gezwungen. Auch in Ostfriesland ist alles viel teurer geworden. Gehen Sie mal in einen Supermarkt, um sich mit den nötigen Lebensmittelvorräten für Ihren Urlaub einzudecken. Wenn Sie sich einen Einkaufswagen holen, wissen Sie schon draußen, was Sie drinnen erwartet. Früher mußten Sie eine Mark Pfand für den Einkaufswagen bezahlen, heute einen ganzen Euro. Selbst ALDI macht da keine Ausnahme. Auch das Gegenteil von 'essen' ist fast unerschwinglich geworden. Hier nur ein Beispiel: Im Toilettenhäuschen am Fähranleger in Norddeich kostete eine Sitzung früher 40 Pfennige. Heute kostet sie volle 50 Cent. Schöne Scheiße! Aber wo anfangen mit dem Sparen? Viele denken daran, am Urlaub zu sparen oder sich den Urlaub ganz zu sparen. Das ist natürlich grundfalsch. Wenigstens der Ernährer muß seinen regelmäßigen Urlaub haben und notfalls allein fahren. Wie groß die Ersparnis ist, wenn der Ernährer der Familie allein in Urlaub fährt, läßt sich mittels einfachen Dreisatzes sehr schnell errechnen. Nehmen wir einmal an, bisher sei ein Lebensabschnittspärchen allein, aber doch gemeinsam in Urlaub gefahren. Dann ergab das für zwei Personen 100 % Kosten. Fährt nun nur eine Person in Urlaub, dann ergibt sich folgende Rechnung, wobei links auf den Bruchstrich die Kosten kommen (100 %), rechts auf den Bruchstrich die Anzahl der Personen, die zu Hause bleiben soll und unter den Bruchstrich kommt die Anzahl der Personen, die früher gemeinsam Urlaub machte. Schon haben Sie Ihre Ersparnis. Wenn also nur noch einer in Urlaub fährt statt früher zwei, dann gilt

$$\frac{100 \cdot 1}{2} = 50\,\% \text{ Ersparnis.}$$

Die Ersparnis beträgt in diesem Falle also die Hälfte, volle 50 %, wenn z. B. der Ernährer allein in Urlaub fährt. Noch sehr viel günstiger sieht es natürlich aus, wenn bisher Vater, Mutter und zwei Kinder gemeinsam Urlaub machten. Für eine vierköpfige Familie sieht die Rechnung nämlich so aus:

$$\frac{100 \cdot 3}{4} = 75\,\% \text{ Ersparnis.}$$

In diesem Falle beträgt die Ersparnis sogar satte 75 Prozent, wenn die Familie zu Hause bleibt und Vatern allein Urlaub macht.

Rein rechnerisch ist es also am günstigsten, wenn nur einer allein in Urlaub fährt und das sollte zweckmäßigerweise der Ernährer der Lebensgemeinschaft oder der Familie sein, weil der am nötigsten gebraucht wird und ganz sicher auch seinen Urlaub am dringendsten braucht.

In der Regel ist der Ernährer männlichen Geschlechts und verheiratet, oft hat er Kinder.

Was die Kinder angeht, empfiehlt es sich, sie für zwei oder drei Wochen den Großeltern zu überlassen. Darüber sind dann Oma und Opa meistens ebenso erfreut wie die Kinder auch. Sehr häufig trifft man in Ostfriesland deshalb auch Großeltern an, die hier mit ihren Enkeln Urlaub machen. Jedenfalls haben die Kinder mal wieder Oma und Opa für sich, und es ist ihnen eigentlich egal, wo. Sie erholen sich auf diese

Weise von ihren Eltern, und das muß auch regelmäßig sein.

Aber auch viele verbale Argumente sprechen dafür, daß der männliche Ernährer, der Vater, allein in Urlaub fährt. Neben der Urlaubskasse schont der Vater natürlich in erster Linie die Mutter, die Gattin, wenn er allein Urlaub macht und die Gattin hat derweil zu Hause Gelegenheit, sich zu schonen und von ihrem Gatten zu erholen.

Es ist ohnehin ein überflüssiger Luxus, wenn ein Mann mit weiblicher Begleitung nach Ostfriesland fährt; denn auch in Ostfriesland gibt es natürlich Damen. Man braucht also keine mitzunehmen.

Ostfriesland ist in dieser Hinsicht sehr gut auf allein reisende Herren eingestellt. Entweder trifft man auf eine freundliche und hilfsbereite Vermieterin oder man schlägt einfach mal in den hiesigen Zeitungen nach. Da wimmelt es von Inseraten weiblicher Zeitgenossen aller Altersgruppen, Haarfarben und Oberweiten, die nichts anderes im Sinn haben, als den allein reisenden Herren den Urlaub zu versüßen. BSE-Freiheit der Damen ist natürlich garantiert.

Damit der allein reisende Herr es möglichst bequem hat, kommen die Damen auch ins Hotel oder in andere Urlaubsquartiere. Aber ins Einmannzelt auf dem Camping-platz sollte man sie nicht gerade einladen.

Die Damen erfüllen den Herren fast jeden Wunsch, und nach Gebrauch verschwinden sie unaufgefordert wieder. Man(n) kann also sein Nickerchen endlich auch mal gleich nach dem F .....chen machen, wofür die Gattin sonst ja meistens kein Verständnis hat.

Der Service der Damen ist natürlich nicht ganz umsonst. Aber er ist bedeutend preiswerter, als hätte man die eigene Gattin mitgenommen. Man braucht hier also keine ganze Kuh zu kaufen, wenn man nur mal ein Glas Milch trinken möchte.

Sollten Sie, lieber Herr Tourist, mit den Diensten der Sie bedienenden Dame ausnahmsweise nicht so recht zufrieden gewesen sein und glauben, für den geforderten Preis hätte die Dame zu wenig geleistet oder sie hätte das Ihnen Versprochene nicht gehalten, dann ist das heute kein Problem mehr.

Waren Sie früher absolut rechtlos gegenüber den für Liebesdienste zuständigen Damen, so hat der Gesetzgeber mit Wirkung vom 01.01.2002 verfügt, daß Sie einen Rechtsanspruch auf die Ihnen versprochene Leistung der Damen haben und diese Leistung auch einklagen können. Die Dame muß also unter Umständen Versäumtes nachholen, und Sie können mit etwas Glück vielleicht sogar zweimal fürs gleiche Geld ...

Sie können auch einfach die Zahlung verweigern und die Liebesdienerin auf den Klageweg verweisen.

Für die Liebesdienerinnen hat der Gesetzgeber nämlich umgekehrt verfügt, daß sie ihren Lohn einklagen und nicht mehr um ihr Geld geprellt werden können. Das bedeutet für Sie natürlich, daß das leidige Thema Vorkasse heute kein Thema mehr ist. Erst die Leistung, dann das Geld.

Es hat sich also sehr viel Positives auf dem Gebiet der Liebesdienste getan. Nur umsonst sind diese Liebesdienste nach wie vor leider nicht zu haben, obwohl das Wort Liebesdienst das eigentlich vermuten läßt.

Das Geschäft der Liebesdienerinnen ist seit dem 01.01.2002 von Gesetzes wegen auch nicht mehr sittenwidrig, Leistung und Lohn können gegenseitig eingeklagt werden und da die Tätigkeit der Liebesdienerinnen nicht mehr sittenwidrig ist, können Sie, lieber Herr Tourist, mit einer Liebesdienerin auch gar nichts Sittenwidriges tun, brauchen gegenüber der daheim gebliebenen Gattin also auch kein schlechtes Gewissen zu haben. Sie haben ihr damit, daß Sie sie geschont haben, sogar noch einen Gefallen getan und sich selbst natürlich auch, weil sie durch die Schonung Ihrer Gattin auf jeden Fall länger etwas von ihr haben.

Verzichten Sie aber darauf, eine dieser teuren und unbefriedigenden 0190-Nummern anzurufen, bei  denen Sie selbst Hand mit anlegen müssen. Es sieht auch überhaupt nicht gut aus, wenn Sie solche Nummern von einer Telefonzelle aus anrufen, dauernd neue Telefonkarten nachschieben und dabei von einem Bein auf das andere hüpfen müssen. Außerdem haben Sie ja keine Hand frei. Eine brauchen Sie, um den Telefonhörer zu halten, mit der anderen müssen Sie dauernd die Telefonkarten wechseln.

Und per Telefonhörer geht gar nichts. Das ist nur ein Witz.

Während Sie, lieber Herr Tourist, sich also preiswert allein in Ostfriesland erholen, tut das die Gattin derweil zu Hause.

Beim nächsten Mal machen Sie es umgekehrt: Sie bleiben zu Hause und Ihre Gattin fährt allein nach Ostfriesland. Das ist nur gerecht.

Und selbstverständlich ist Ostfriesland bestens darauf vorbereitet, auch Damen alle himmlischen Genüsse auf Erden zu bereiten. Da gibt es natürlich freundliche Vermieter, die vollen Service ohne Extrakosten bieten. Und die Zeitungen sind ebenfalls voll mit Angeboten von Herren aller Altersgruppen und Tierarten (meistens Hengste oder Bullen, aber auch Hasen), die nur darauf warten, Sie, liebe Frau Touristin, zu verwöhnen. Meistens findet sich in den entsprechenden Inseraten noch ein kleiner, abgekürzter Hinweis: K.f.I.

Das steht für: Keine finanziellen Interessen. Sie kriegen also alles umsonst. Wo gibt's das heute noch?

So gesehen bietet es sich eigentlich an, daß Sie, liebe Frau Touristin, von vornherein an Stelle Ihres Gatten Urlaub in Ostfriesland machen. Es ist allerdings zu befürchten, daß Ihr zurück gebliebener Gatte daheim die einschlägigen Inserate liest und dann zu Hause, von den freundlichen Nachbarn beobachtet, das tut, was er hier unbeobachtet tun kann. Das gibt nur Streit, wenn Sie nach Hause kommen und die Nachbarn plaudern.

Und kostenmäßig kommt es am Ende ja dann auch aufs Gleiche heraus, ob er Sie nun in Ostfriesland schont oder aber zu Hause. Es ist also wohl doch am besten, wenn ER fährt.

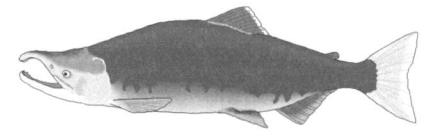

Ausgleichende Gerechtigkeit
Preiswert Freude bereiten

 Wenn der Familienrat beschlossen hat, daß der Ernährer, also Sie, lieber Herr Tourist, aus Kostengründen allein nach Ostfriesland in Urlaub fahren soll, dann ist es ganz selbstverständlich, daß Sie den Daheimbleibenden aus Gründen der ausgleichenden Gerechtigkeit und zum Trost dafür, daß sie einige Zeit auf Sie verzichten müssen, den einen oder anderen lange gehegten Wunsch erfüllen.

Da hatte die Gattin beim Blättern durch die einschlägigen Versandhauskataloge schon mal Interesse an einem hübschen Pullover gezeigt, auch ein neuer Hosenanzug hatte ihr gefallen, ein paar Blusen und schließlich ein Vorsteckring mit einem kleinen Brilli. Mit einem schlichten Saphir-Collier hatte sie auch geliebäugelt und den Wunsch nach entsprechendem Besitz geäußert.

Sohnemann wünschte sich ein elektronisches Schlagzeug, und Töchterchen zeigte mit ihren 17 Lenzen lebhaftes Interesse an einer ausgeflippten Armbanduhr aus purem Gold. Geschmack hat sie ja wirklich!

Wegen des geplanten gemeinschaftlichen Urlaubs hatten Sie alle Anschaffungen erst einmal zurückgestellt. Aber jetzt schlägt sie doch, die Stunde der ausgleichenden Gerechtigkeit. Jetzt werden doch noch Wünsche wahr.

Etwa zwei Wochen vor Ihrem zweiwöchigen Urlaub bestellen Sie bei Neckermann, Quelle, wo auch immer, jedenfalls bei dem, dessen aggressive Werbung so lebhaftes Interesse bei Gattin und Kindern geweckt hat. Bestellen Sie alles, was wegen des gemeinschaftlichen Urlaubs dann doch nicht bestellt wurde und zeigen Sie sich dabei großzügig und spendabel. Denken Sie aber auch an sich und lassen Sie gleich die neue Videokamera für sich selbst mitkommen, die Sie sich wegen des gemeinschaftlichen Urlaubs verkniffen hatten.

Bestellen Sie alles mit festem Liefertermin und einen Tag vor Ihrer Abreise bei Ihnen eintreffend, damit Sie Ihre Kamera noch mit in den Urlaub nehmen können. Und natürlich alles auf Rechnung.

So können Sie vor Ihrer Abreise auch noch die glücklichen Gesichter der Gattin und der Kinder über die Entschädigung für den entgangenen gemeinsamen Urlaub miterleben. Das ist wichtig, damit Sie nicht schlechten Gewissens allein in Urlaub fahren müssen, sondern dies mit dem beglückenden Gefühl tun können, Ihrer Familie auf andere Weise große Freude bereitet zu haben.

Diese Freude läßt sich durch eine lange Zeit der Vorfreude noch erheblich steigern. Wenn Sie das wollen, dann bestellen Sie einfach noch früher. Aber übertreiben Sie dabei nicht, sonst läßt das Interesse an den Dingen bis zu ihrer Lieferung schon spürbar nach. Das wäre nicht weiter schlimm, würde nicht gleichzeitig das Interesse an anderen Dingen zunehmen. Gehen Sie also mit Fingerspitzengefühl an die Sache heran.

Einen Tag vor Ihrer Abreise ist die Spannung in der Familie am größten. Die pünktlich gelieferten Waren trösten die Familie aber leicht darüber hinweg, daß sie zu Hause bleiben wird.

Machen Sie in der Familie zur Bedingung, alle gelieferten Waren sorgsam zu behandeln, die Garderobe nicht zu lange zu tragen und die angehefteten Etiketten nicht zu entfernen, bevor Sie nicht zurück sind; denn auch Sie wollen erst einmal alles in Ruhe begutachten, aber vor Ihrem Urlaub ist die Zeit dazu zu knapp, und Ihnen steht auch nicht der Sinn danach. Bei Ihrer Rückkehr aus Ihrem zweiwöchigen Urlaub ist die bestellte Ware dann schon zwei Wochen im Haus. Gattin und Kinder haben sich an die neuen Sachen ziemlich gewöhnt, und das Interesse an ihnen hat schon erfreulich nachgelassen. Dazu trug auch die lange Zeit der Vorfreude bei, die gerade deshalb so wichtig ist.

Ihre Gattin zeigt bereits so etwas wie Kaufreue und ein schlechtes Gewissen wegen des teuren Colliers. Und fast alle sind der Meinung, daß das ganze Zeugs eigentlich sowieso viel zu teuer sei.

Dem können Sie nur beipflichten. Auch die Videokamera war viel zu teuer, und Sie brauchen sie ja auch gar nicht mehr und genau genommen erst im nächsten Urlaub wieder. Und der steht sowieso erst einmal in den Sternen. Wenn es wieder so weit ist, dann können Sie sich ja wieder eine Kamera kommen lassen, neuestes Modell.

Deutschland ist ein sehr soziales Land, ein Land, in dem es sich jeder wohl ergehen lassen kann, die einen von ihrem Wohlstand, die anderen von der Wohlfahrt. Ersteren verschafft die jeweilige Bundesregierung Steuererleichterungen; je mehr sie verdienen, um so mehr. Das ist gerecht und auch einleuchtend und rechnerisch leicht nachvollziehbar: Angenommen, der Staat braucht fünf Millionen. Er ist also gezwungen, einem, der zehn Millionen verdient, 50 % seines Verdienstes abzunehmen. So war es zu Adenauers Zeiten tatsächlich einmal. Steigert der Betreffende aber sein Einkommen von Jahr zu Jahr, was ja die Regel ist, und verdient er z. B. plötzlich 20 Millionen, dann braucht der Staat ihm nur noch 25 % seines Verdienstes abzunehmen, um an fünf Millionen zu kommen. Und so ist jetzt sogar schon die Wiedereinführung des Zehnten im Gespräch, weil die Vermögenden jedes Jahr mehr verdienen, der Staat ihr Geld aber gar nicht in diesen Mengen braucht. Regelmäßige Steuersenkungen bei den Vermögenden sind also nur die logische Konsequenz aus den steigenden Einkommen.

Wer nichts verdient, der hat von vornherein keine Steuerprobleme. Das sind die Letzteren, die, die von der Wohlfahrt leben. Und für die greift der Gesetzgeber nun auch noch in ganz besonderer Weise helfend ein. Er verpflichtet die Versandhäuser nämlich, ihnen und auch Ihnen ein 14-tägiges uneingeschränktes Widerrufsrecht einzuräumen. In der Praxis sieht das so aus, daß die Versandhäuser Ihnen gestatten, die Ihnen gelieferten Artikel innerhalb 14 Tagen nach Lieferung ohne Begründung wieder zurückzusenden, in der Regel auch noch auf Kosten der Versandhäuser. Die Ärmsten der Armen sollen also auch am Wohlstand teilhaben, so steht es schon in unserer Verfassung. Auch die Armen sollen sich alle die Dinge leisten können, die sich sonst nur Reiche leisten können, wenigstens temporär. Und auf diese elegante Weise wird dieses Ziel der gesetzlich vorgeschriebenen Gleichmacherei erreicht.

Gleichzeitig gehört damit auch das Übel, daß Arme verzichten oder aber Dinge, die sie eigentlich gar nicht brauchen, zunächst teuer einkaufen und bezahlen müssen, um sie schon nach kurzer Zeit für einen Bruchteil ihres Wertes im Pfandhaus versetzen oder auf dem Flohmarkt verschleudern zu müssen, endgültig der Vergangenheit an.

Packen Sie daher gemeinsam mit Ihrer Familie alles freudig wieder ein und dann ab die Post damit. Mehr können Sie gar nicht sparen, und Sie sind sofort wieder schuldenfrei. Die ganze Aktion hat Sie keinen Pfennig gekostet. Sie brauchten nicht einmal in Vorlage zu treten, weil Sie 'mit Ihrem guten Namen' bezahlt haben.

Sohnemann will sich zwar von seinem Schlagzeug noch nicht trennen und auch Töchterchen hängt noch ein bißchen an ihrer neuen Uhr. Die Gattin kann ebenfalls ein Tränchen nicht ganz unterdrücken. Aber als alle sehen, daß auch Sie sich frohen Herzens von Ihrer geliebten Videokamera trennen, da fällt dann allen der Abschied von den Neu-Erwerbungen leicht.

Wenn der Schmerz über den Abschied von den Geschenken zu groß sein sollte, dann lassen Sie sich bitte nicht verleiten, alles zu behalten und sich in Schulden zu stürzen. Das ist gar nicht nötig. Lassen Sie einfach alles noch einmal kommen, vielleicht auch ein drittes Mal oder nach einiger Zeit auch mal etwas anderes Neues.

Über die ganze Geschenkaktion hat die Familie total vergessen, daß sie gar nicht mit in Urlaub war. Jeder hat seine ganz spezielle Freude gehabt, jeder fühlt sich rundum gerecht behandelt, der Familienfrieden bleibt erhalten. Und darauf kommt es an.

Sie wissen nun auch für zukünftige Fälle, wie leicht Sie Ihrer Familie Freude bereiten können. Und da werden Sie sich in diesem Jahr zu Weihnachten erstmals so großzügig zeigen wie nie zuvor. Die Versandhäuser verlängern die Rückgabefristen zur Weihnachtszeit in der Regel sowieso bis Mitte Januar. Da hat man von vornherein schon mal länger etwas von seinen Geschenken. Und bis Mitte Januar hat auch der Letzte in der Familie festgestellt, daß er sein Geschenk, so schön es ihm am Anfang auch erschienen sein mag, tatsächlich gar nicht braucht. Wer nicht von selbst darauf kommt, dem öffnen Sie mal kurz die Schränke und holen alles das heraus, was dort seit Jahren unbeachtet als totes Kapital liegt und nur darauf wartet, ins Pfandhaus getragen oder auf einem Flohmarkt verramscht zu werden.

Aber nicht nur für Sie und Ihre Familie hat das Ihnen eingeräumte Rückgaberecht Vorteile, nicht nur Ihnen bereitet es Freude, die dann doch immer mehr nachläßt und Reue und Gleichgültigkeit Platz macht. Auch die Versandhäuser haben ja ebenso lange Freude an Ihrem Kauf. Wenn die Freude über Ihren Kauf nachgelassen und man sich an den an Ihnen erzielten Gewinn gewöhnt hat, erst dann geben Sie ja alles zurück. Der Schmerz über Ihre Rückgabe ist dann nicht mehr so groß, weil die Rückgabe ja nicht in die Zeit der ersten großen Freude fällt.

Aber nicht nur Ihrer Familie können Sie mit Hilfe der Versandhäuser Freude bereiten. Denken Sie auch mal an die armen Drücker, die Ihnen ein Zeitschriften-Abo aufs Auge drücken wollen, nur damit sie eine Lehrstelle bekommen. Zeigen Sie sich generös: Abonnieren Sie gleich mehrere Zeitschriften. Der Drücker freut sich, wird befördert zum Oberdrücker, der dann selbst Drücker drücken darf. Er läßt Ihnen zum Dank auch gleich ein paar Probezeitschriften da, und Sie haben kostenlos was zu lesen.

Nach zwei Wochen machen Sie von dem Widerrufsrecht Gebrauch, das Ihnen auch bei Haustürgeschäften zusteht. Dabei brauchen Sie wirklich keine Hemmungen zu haben und sich keine Gewissensbisse zu machen. Der Drücker kriegt natürlich keine Lehrstelle. Der wollte auch nie eine, jedenfalls keine andere als die eines Drückerlehrlings, als der er sie besuchte. Durch Ihre Abos wird er zum Drückergesellen und Oberdrücker befördert und verdient dann sowieso so viel, daß er nicht im Traum daran denkt, wieder von vorn anzufangen und eine schlecht bezahlte Lehrstelle in Handwerk oder Industrie anzutreten.

Sie sollten als echten Urlaubsersatz mit Ihrer Familie auch unbedingt an Kaffeefahrten teilnehmen. Ostfriesland ist das Ziel vieler Kaffeefahrten. So kommen Sie günstig hin. Bestellen Sie bei den Vorführungen, an denen Sie gelegentlich teilnehmen müssen, willig für jedes Familienmitglied eine viel zu teure Rheumadecke, zwei Satz viel zu teure Edelstahltöpfe, eine Heizdecke für Oma und alles das unnütze Zeug, das Ihnen sonst noch aufgeschwatzt werden soll. Spielen Sie williges Opfer. Es lohnt sich. Die Verkäufer freuen sich über Ihre Aufgeschlossenheit und werden Sie außerordentlich freundlich und zuvorkommend behandeln. Sie bekommen sogar ein paar Sachen geschenkt und haben schnell Ruhe vor dem Druck, den die Verkäufer auf Sie ausüben, um ihre überteuerten Waren loszuwerden. Die Verkäufer sind Ihnen auch deshalb dankbar, weil Sie mit Ihren mutigen Käufen andere motivieren, es Ihnen gleich zu tun.

Wenn Sie dann schließlich von Ihrem 14-tägigen Rückgaberecht Gebrauch machen, das auch für Käufe auf Kaffeefahrten gilt, dann wird das die Verkäufer kaum schmerzen, bleiben ihnen doch die Geschäfte mit denjenigen, die Sie durch Ihr Beispiel zum Kauf animiert haben.

Sie sehen: Kaufen macht allen Freude, das Rückgaberecht bewahrt Sie vor Schulden und der Anhäufung toten Kapitals in Ihren Schränken.

Aber fahren Sie nicht auf Pump in Urlaub, wenn es finanziell kneifen sollte. Zwar werden Sie durch Ihre Raten vielleicht noch in zwei oder drei Jahren an Ihren diesjährigen Urlaub erinnert, aber diese Erinnerungen sind dann eher negativ. Lieber noch 'ne Kaffeefahrt.

Wetter
Es gibt kein schlechtes Wetter

Über Thema Nummer eins braucht in diesem Büchlein nicht viel gesprochen zu werden, dafür aber etwas ausführlicher über Thema Nummer zwei: Das Wetter.
In Ostfriesland gibt es kein schlechtes Wetter. Im Gegenteil, das Wetter in Ostfriesland ist sehr beständig. Selbst dann, wenn es unbeständig ist, ist es das beständig.

Hier jagt ein Hoch das andere, ein Tief jagt das andere, ein Hoch jagt ein Tief, ein Tief jagt ein Hoch. In Ostfries-land lernt man das Wetter in seiner ganzen Vielfalt und von seinen besten Seiten kennen.
Wenn Sie glauben, Grund zu haben, sich über das ostfriesische Wetter zu beklagen, dann überprüfen Sie zunächst einmal Ihre Kleidung. Haben Sie außer Ihrer Badehose und einem T-Shirt auch Pullover und wetterfeste Kleidung mitgebracht, dann wird Ihnen das ostfriesische Wetter keinerlei Anlaß zum Klagen geben. Unter wetterfester Kleidung versteht man wasserdichte Jacken und Hosen, dazu ein Paar Gummistiefel.
Wasserdichte Jacken allein nützen Ihnen nichts, weil das von Ihrer Jacke ablaufende Wasser Ihre undichte Hose viel nasser macht, als hätten Sie keine wasserdichte Jacke an. Sie brauchen deshalb also auch

eine wasserdichte Hose. Und weil das von wasserdichter Jacke und wasserdichter Hose ablaufende Wasser Ihre normalen Schuhe schnell durchweichen würde, brauchen Sie Gummistiefel. Stecken Sie die Beine der wasserdichten Hose nicht in die Stiefel, sondern tragen Sie sie darüber. Sie würden sonst bald im Wasser stehen.

Sie werden sehr bald feststellen, daß Sie, derart ausgerüstet, selbst Regen eine angenehme Seite abgewinnen können: Es staubt nicht so. Und auch abwechslungsreich ist der Regen. Kommt er aus dem Süden oder dem Südwesten, ist er wärmer, kommt er aus Nordwesten oder Norden, bringt er erfrischende Kühle. Häufig werden Sie sogar vergebens auf ihn warten und ihn herbeisehnen, weil Sie es vor Hitze kaum aushalten können oder weil Sie sich auch mal einen Tag wünschen, an dem Ihr Sonnenbrand Gelegenheit bekommt, sich ein bißchen zu beruhigen.

Ostfriesland hat nämlich überraschend viele Sonnentage und wenn Sie das Glück haben, daß der Wind ein paar Tage lang aus Osten weht, dann können Sie schon fest damit rechnen, daß Sie wochenlang bei strahlend blauem Himmel in der Sonne braten können.

Der aus Osten oder Nordosten wehende Wind sorgt zugleich dafür, daß die sommerliche Wärme erträglich bleibt, während Sie in den Städten der Ballungsgebiete zu ersticken glauben.

An der See kann es bei auflandigen Winden, das sind die Winde aus nördlichen Richtungen, natürlich nicht so warm sein wie im Binnenland, weil die Luft sich über der Nordsee nicht so gut erwärmen kann. Ein Windschutz, wie Sie ihn hier überall bekommen können, sorgt aber dafür, daß Sie die Sonne auch bei auflandigen Winden in der Badehose oder auch ohne genießen können.

Die Nordsee ist allerdings auch ein großer Wärmespeicher und sorgt dafür, daß die Lufttemperaturen in Ostfriesland bis in den Spätherbst und Winter hinein Lust zu ausgedehnten Spaziergängen machen.

Sonnenbräune werden Sie stets mit nach Hause nehmen, selbst dann, wenn Sie die Sonne ausnahmsweise überhaupt nicht zu Gesicht bekommen sollten, weil Sie hier nur einen Kurzurlaub verbracht haben. Die bräunenden Strahlen der Sonne wirken nämlich auch durch einen bedeckten Himmel hindurch.

Wenn Sie aber Wert auf eine nahtlose Rundum-Bräune legen, die Ihre Nachbarn glauben läßt, Sie seien auf den Malediven gewesen, dann gönnen Sie sich doch einfach einen Besuch in einem der zahlreich vorhandenen Sonnenstudios. Das ist viel preiswerter als ein Flug auf die Malediven.

Noch ein paar Worte zum Wind: Er ist ein Relikt aus der Zeit der Segelschiffahrt. Man hat ihn einfach beibehalten, als sich Dampf- und Motorschiffe mehr und mehr durchsetzten. Und das war gut so.

Heute wird er von den Sportschiffern, den Surfern und all den vielen Touristen benötigt, die auf den Strandwiesen ihre Drachen und sonstigen Windspiele steigen lassen wollen. Er ist ein unverwechselbares Service-Angebot der Ostfriesen.

Dieser Service der Ostfriesen geht so weit, daß sie bei Flaute ihren eigenen Wind produzieren. Doch darüber mehr im Kapitel Windkraftanlagen.

Sicher möchten Sie gern heute schon wissen, wie das Wetter morgen wird. Vertrauen Sie da ruhig auf alte ostfriesische Bauernregeln: Abendrot mokt Wetter god, Morgenrot bringt Woter in'n Sot.[2] Wenn Sie Ihre Weihnachtsferien und den Jahreswechsel in Ostfriesland verbringen, dann finden Sie folgende Bauernregel ganz sicher bestätigt: Ist Silvester kalt und klar, ist am nächsten Tag Neujahr. Mit diesen Regeln sind Ihnen Vorhersagen ganz gut möglich.

Wenn Sie feststellen, daß die Möwen sich in großer Anzahl von der See weg ins Landesinnere verdrükken, dann ist das ein sicheres Anzeichen für das Herannahen eines Sturmtiefs.

Nicht verlassen sollten Sie sich auf die Regel, daß es Regen geben wird, wenn ein Hund Gras frißt. Mein Hund nimmt auf diese Regel keinerlei Rücksicht. Er frißt Gras, wann immer ihm danach ist. Er käme gar nicht auf die Idee, mit dem Grasfressen so lange zu warten, bis Regen im Anzug ist.

Schließlich gibt Ihnen auch ein Blick auf die Inseln Aufschluß über das kommende Wetter: Wenn man die Inseln sehen kann, dann gibt es Regen. Wenn man sie nicht sehen kann, dann regnet es schon. Für Insel-Urlauber gilt das Gleiche beim Blick aufs Festland.

---

[2] Abendrot macht das Wetter gut, Morgenrot bringt Wasser in den Sot (Brunnen). Es wird regnen.

Klimakatastrophe
Bangemachen gilt nicht

Mit schöner Regelmäßigkeit kann man den Medien entnehmen, daß es auf der Erde zu warm geworden sei, daß eine Klimakatastrophe drohe, daß die Pole abschmelzen und der Meeresspiegel derart steigen werde, daß ganz Ostfriesland über kurz oder lang im Meer versinken und total verschwinden wird. Das Fernsehen zeigt dazu dann auch noch Bilder von kalbenden Gletschern. Das sind Gletscher, von denen ein Teil abgebrochen ist, der sich dann als Eisberg auf den Weg in wärmere Gegenden macht, dort aber nie ankommt, weil er schon vorher aufgetaut und zu Wasser geworden ist. Was ist nun wirklich dran an diesen regelmäßigen Katastrophenberichten? Der heiße Jahrhundertsommer 2003 hat es wieder einmal mehr bewiesen: Nichts. Wenn ich meine jährliche Gasrechnung betrachte und wieder einmal eine gehörige Nachzahlung leisten muß und Vorauszahlungen, die jedes Jahr höher werden, dann könnte es meinetwegen ruhig noch wärmer werden in Ostfriesland und auf der Welt. Auch mein Gaslieferant rechnet in naher Zukunft offensichtlich nicht mit einer weiteren durchgreifenden Erwärmung unserer Erde, sonst müßten meine Abschlagszahlungen für das mir zu liefernde Gas ja jedes Jahr niedriger angesetzt werden. Werden sie aber nicht. Und was die Temperaturen angeht: Trotz des heißen Sommers 2003 habe ich Anfang September 2003 schon wieder meine Heizung anwerfen müssen. - Ein Grundstück unmittelbar am Meer hatte ich mir schon immer gewünscht, aber solche Grundstücke sind rar und dann auch noch teuer. Als ich vor zehn

Jahren nach Ostfriesland zog, da sagte ich mir, voll auf meinen Makler und die Hiobsbotschaften der Klimamiesmacher vertrauend: Kommt Zeit, kommt Meer. Aber nichts ist bisher gekommen. Ich muß noch immer zehn Kilometer fahren, wenn ich mal ans Meer will.

Es ist also gar nichts dran an diesen Schreckensmeldungen, die Pole würden abschmelzen, dadurch würde der Meeresspiegel um siebzig Zentimeter bis zu einem Meter steigen und halb Norddeutschland würde im Meer versinken.

Sie können in einfachen Versuchen auch selbst nachvollziehen, daß sich der Wasserstand nicht ändert, wenn in Wasser schwimmendes Eis schmilzt. Der Nordpol ist ja nichts anderes als ein riesiges Stück Eis, das im Wasser schwimmt.

Nehmen Sie ein Glas, füllen Sie es zur Hälfte mit Eis und fügen Sie so viel Wasser hinzu, bis das Wasser den oberen Rand des Glases erreicht. Das Eis ragt dabei sogar noch ein Stückchen über den Rand des Glases hinaus.

Jetzt warten Sie, bis das Eis geschmolzen ist. Nach dem Lehrsatz des Pythagoras (Eis plus Wasser im Glas) dürfte der Wasserstand im Glas nicht steigen. Sie werden feststellen: es stimmt. Es hat sich ja lediglich der Aggregatzustand des Wassers von Eis in den flüssigen Zustand geändert. Dabei hat das Volumen des gefrorenen Wassers ab- und das gleiche Volumen wie Wasser in flüssiger Form angenommen.

Mit Whiskey klappt dieser Versuch auch. Sie könnten ihn also auch in der Kneipe durchführen und sogar Wetten darüber annehmen, wie das Ergebnis aussehen wird. Aber irgendwie ist es dann doch auch schade, wenn der Whiskey so total verwässert wird.

Machen Sie einen weiteren Versuch: Nehmen Sie einen Globus und stellen Sie ihn in Ihre Badewanne.
Dann drehen Sie vorsichtig die Handbrause auf und lassen Wasser sacht über den Nordpol Ihres Globus laufen. Was passiert? Das Wasser läuft ab, und niemand säuft ab, wenn der Nordpol abschmilzt.

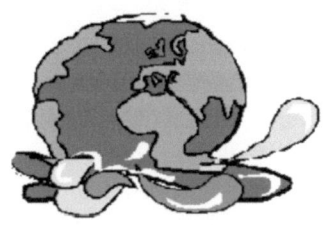

Was aber passiert, wenn der Südpol abschmilzt, wo die Antarktis doch ein echter Kontinent ist mit festem Boden unter dem Eis?

Machen Sie die Gegenprobe: Nehmen Sie die Handbrause, drehen Sie sie um und lassen Sie Wasser von unten über den Südpol Ihres Globus laufen. Was passiert? Auf der Nordhälfte Ihres Globus bleibt es trocken und auch am Südpol läuft das Wasser ab.

Das fand auch schon ein gewisser Archimedes heraus. Vielleicht war's auch Onassis, aber ein Grieche war es bestimmt.

Jedenfalls haben Sie den Beweis, daß etwas mehr Wärme auf Erden nicht schaden kann. Genießen Sie die Wärme und lassen Sie sich nicht verrückt machen von unqualifizierten Bangemachereien.

Salzwiesen
Sorgen für ostfriesische Spezialitäten

Zwischen Meer und Deich befinden sich die sogenannten Salzwiesen. Sie werden so genannt, weil sie
mehr oder minder oft vom Meer überspült werden,
wie das bei stärkeren Nordwestwinden immer wieder
mal vorkommt.

Die vielen Gräben, die diese Wiesen durchziehen,
haben eine direkte Verbindung zur Nordsee, so daß
für ständigen Nachschub an Salzwasser gesorgt ist.

Auf diesen Salzwiesen nun grast im Sommer eine
ganz besondere Züchtung von Milchkühen, die
durch den hohen Salzgehalt des Grases kerngesund
ist und Salzkuh genannt wird.

Die Milch der Salzkühe ist natürlich nicht trinkbar, weil
zu salzig. Auch der Rahm ist aus gleichem Grund
nicht geeignet, zu Schlagsahne aufbereitet zu werden. Wer mag schon salzige Sahnetörtchen?

Dennoch wird der Rahm weiterverarbeitet. Das geschieht aber nicht in deutschen Molkereien, weil sich
die geringen Mengen Salzrahm, die in Ostfriesland
anfallen, für eine Verarbeitung in ostfriesischen Molkereien nicht lohnen. Der Salzrahm wird deshalb
nach Dänemark exportiert.

Dänemark ist bekanntlich ringsum von Salzwasser
umgeben und wer einmal in Dänemark Urlaub gemacht hat, der weiß, daß es dort nur Salzrahmbutter
gibt. Was dort ausnahmsweise mal als Süßrahmbutter
angeboten wird, stammt von
deutschen Milchkühen.

Die Dänen verarbeiten also den
deutschen Salzrahm zu Salzrahmbutter und exportieren sie
wieder nach Deutschland. In
gut geführten Supermärkten ist

sie unter dem Markennamen LURPAK erhältlich. Auf frischem Graubrot ist sie eine Delikatesse.
Eine weitere Delikatesse ist die naturgepökelte Rinderbrust, die von den Salzrindern stammt.

ALDI
Hier trifft man sich

ALDI-Läden gibt es in jedem größeren ostfriesischen Ort. In manchen Orten gibt es sogar mehrere. Bei ALDI kann man fast alles kaufen, was das Leben und einen Urlaub schön und angenehm macht, seien es Lebensmittel aller Art, seien es Süßwaren, Getränke, Frischobst oder -gemüse, seien es Milch und Milchprodukte, Wurstwaren oder Fischprodukte, seien es Waschmittel, Babyartikel oder Kosmetika, nicht zu vergessen die gut sortierten Tiefkühltruhen.

Seit neuestem bekommt man bei ALDI sogar Frischfleisch bester Qualität zu Super-Preisen.

Und selbst Blumen und Pflanzen, Kleidung, Haushaltsartikel, Filme, Audio- und Videokassetten sind bei ALDI erhältlich. Und das alles zu günstigstem Preis.

Man beachte vor allem die wöchentlichen Sonderangebote, die ALDI jeden Mittwoch in den Tageszeitungen anbietet.

Gartenmöbel, Telefone, Freizeitschuhe und Regenkleidung, ja selbst Computer bietet ALDI regelmäßig als Sonderangebote an. Hier muß man zugreifen. Aber keiner tut's. Hören Sie sich mal um. Tut's wirklich keiner?

Wer bei ALDI kauft, zeigt damit nicht etwa, daß er ein armer Schlucker ist. Er zeigt, daß er rechnen kann und daß er gerade deshalb vielleicht doch kein ganz so armer Zeitgenosse ist, obwohl es nach der Euro-Einführung geradezu als schick gilt, arm zu sein und bei ALDI einzukaufen. Und so werden heute auch nicht mehr die Domestiken zu diskreten Einkäufen bei

ALDI geschickt. Heute kaufen die Herrschaften dort persönlich ein und wollen dabei auch gesehen werden.

Kein Wunder: Etwa 85 % aller von ALDI angebotenen Artikel sind Markenartikel. Das bietet kein anderer Supermarkt! Auch ich bin bekennender ALDI-Kunde. Kaufen auch Sie zur Schonung Ihrer Urlaubskasse bei ALDI ein und gönnen Sie sich für das Eingesparte hier einen längeren Aufenthalt.

Inzwischen sind unter dem Stichwort ALDIDENTE auch zahlreiche Kochbücher mit vielen Rezepten und Anregungen bis hin zur Diätküche im Buchhandel erschienen. Gekocht wird dabei selbstverständlich nur mit Zutaten von ALDI.

Und wenn Sie in Ihrem Urlaub mal wieder längst verschollen geglaubte Freunde und Bekannte treffen wollen, dann gehen Sie einfach mal zu ALDI.

Fähren
Von der Steinzeit zur Moderne

Wenn Sie in Ihrem Ostfriesland-Urlaub nicht wenigstens einmal sehnsüchtigen Blickes über das Wattenmeer hinüber zu den Inseln geschaut haben, wenn Sie sich dabei nicht wenigstens einmal gewünscht haben, an einem der endlos langen Sandstrände der Inseln spazieren zu gehen oder sich dort im weißen Sand der Strände in der Sonne zu aalen, wenn Sie nicht einmal den Wunsch verspürten, wenigstens einen einzigen Tag auf einer der Inseln zu verbringen und wenigstens einmal in der offenen See zu baden, dann sind Sie kein richtiger Ostfriesland-Urlauber. Und wenn Sie sich den Wunsch, wenigstens einen Tag an der offenen See zu verbringen, nicht erfüllt haben, dann waren Sie nicht in Ostfriesland. Der Besuch wenigstens einer einzigen der Inseln muß also sein, wenn Sie sich schon nicht das Vergnügen des ,Inselhüpfens' leisten und sich nicht jeden Tag eine andere der sieben ostfriesischen Inseln zum Ziel nehmen wollen.

Wenn Sie sich nicht merken können, in welcher Reihenfolge die Natur die Inseln als schützende Bollwerke vor dem Festland aufgebaut hat, dann hilft Ihnen vielleicht diese kleine Frage als Eselsbrücke weiter, die Ihnen jeder Fremdenführer herunterbetet: Welcher Seemann liegt bei Nanni im Bett? Die Anfangsbuchstaben der einzelnen Wörter W-S-L-B-N-I-B stehen für die Anfangsbuchstaben der Inseln von Ost nach West, also Wangerooge, Spiekeroog, Langeoog, Baltrum, Norderney, Juist (I=J), Borkum. Ist doch ganz einfach.

Welcher Insel Sie den Vorzug geben sollten, das ist ganz einfach eine Frage Ihres persönlichen Geschmacks. Borkum hat durch seine Lage weit draußen in der See bereits ein Hochseeklima, das sich besonders günstig auf Ihre Gesundheit auswirken kann, Juist ist eine gemütliche Familieninsel ohne Kraftfahrzeuge, Norderney ist ein eher mondänes Seebad mit beinahe großstädtischem Flair, Baltrum ist was für Verliebte, die gern allein sein mögen, Langeoog ist für jeden richtig, ob allein oder mit Familie, auf Spiekeroog fühlen sich Naturliebhaber besonders wohl und für Wangerooge entscheiden sich gern Ehewillige, die sich trauen, sich auf dem alten Leuchtturm von Wangerooge trauen zu lassen und auf der Insel ihre Flitterwochen zu verbringen.

Allen Inseln eigen sind kilometerlange weiße Sandstrände und die offene See.

Die Inseln mit allen ihren Vorzügen sind schon in so vielen Druckwerken beschrieben worden, daß ich darauf verzichte, das hier noch ein weiteres Mal zu tun.

Viel wichtiger für Sie ist zu wissen, wie Sie heute auf Ihre Traum-Insel kommen können und wie man früher dorthin gekommen ist:

Bei Flut können Sie hinüberschwimmen. Das ist aber nicht jedermanns Sache und nicht jeder kann schwimmen. Und wegen Ihres Gepäcks, das Sie sich immer noch trocken wünschen, wenn Sie auf Ihrer Insel an Land steigen, ist das auch nicht unbedingt empfehlenswert.

Bei Ebbe können Sie zu Fuß hinüberwandern, aber ein Gepäckmarsch durchs Watt ist sicher auch nicht das, wovon Sie träumen. Vielleicht können Sie Ihren Wattführer überreden, Ihnen beim Tragen Ihres Gepäcks behilflich zu sein, aber vermutlich werden Sie ihm sehr gut zureden müssen, wenn er sich als ostfriesischer Flachland-Sherpa[3] betätigen soll.

---

[3] Sherpa = tibetanischer Volksstamm, der besonders durch seine Tätigkeit als Bergführer und Lastenträger bei Himalaya-Expeditionen bekannt geworden ist

Früher konnte man mit dem Taxi zu den Inseln hinüberfahren, aber seit das ostfriesische Wattenmeer zum Naturschutzgebiet erklärt wurde, ist das nicht mehr möglich.

Schon in früheren Zeiten und noch heute fährt man mit der Fähre zu den Inseln. Dazu gibt es spezielle Fährhäfen, nach Borkum zum Beispiel in Emden, nach Juist und Norderney in Norddeich, nach Baltrum in Neßmersiel, nach Langeoog in Bensersiel, nach Spiekeroog in Neuharlingersiel und nach Wangerooge in Harlesiel.

Nach Borkum und Norderney können Sie Ihr Auto mitnehmen, auf die anderen Inseln jedoch nicht.

Bei Fahrten nach Borkum, Norderney und Langeoog können Sie fest einplanen, daß die Fähren jeden Tag zur gleichen Zeit abfahren, die Fährabfahrten zu den Inseln Juist, Baltrum, Spiekeroog und Wangerooge aber wechseln wie Ebbe und Flut. Sie sind also tideabhängig. Da kann es dann auch schon mal passieren, daß Sie die Rückreise vielleicht viel später antreten müssen als vorgesehen. Sie müssen sich den Fahrplan für den Anreise- und den Rückreisetag daher besonders gut ansehen, wenn Sie Ihre Reise zu den Inseln planen.

Wie sich die Verbindungswege zu den Inseln von der Steinzeit bis heute entwickelt haben, soll am Beispiel der Inseln Juist und Norderney verdeutlicht werden:

Am Anfang gab es diese Inseln überhaupt nicht. Sie sind erst so nach und nach durch angeschwemmten Sand entstanden, der allmählich von für die Inseln typischen Pflanzen wie Strandhafer und Queller in Besitz genommen wurde, so daß die Inseln wuchsen und wuchsen. Höhere Pflanzen gesellten sich hinzu, und bald sahen die Inseln ähnlich aus wie das Festland.

Das machte die Ostfriesen, die immer um ein Stück

Land verlegen sind, neugierig. Also mußte man auch mal rüber zu den Inseln. Das ging anfangs ganz einfach; denn es gab jede Menge höher gelegener Stellen im Wasser, sogenannte Sandbänke, die auch bei Flut stets trocken blieben. Über diese Stellen ging der Früh-Ostfriese trockenen Fußes zu den Inseln.

Im Laufe der Jahre bildete sich auf diese Weise im Watt so etwas wie ein Trampelpfad, ein richtig schön ausgetretener Weg, der durch seine ständige Benutzung und durch seine weiche Oberfläche mit der Zeit allerdings total ausgetreten war, tiefer und tiefer wurde, bis er schließlich ständig unter Wasser stand.

 Das war nicht weiter tragisch; denn mittlerweile hatten sich die steinzeitlichen Ostfriesen Pferde eingefangen und sie gezähmt. Man konnte die Inseln nun also sogar sitzend und trocken erreichen.

Es dauerte nicht lange, da erfand der Ostfriese das Rad. Und da war ganz klar, daß er mit Pferd und Wagen zu den Inseln fuhr, konnte er doch so mehr Gepäck mitnehmen.

Aber durch das Getrampel der Pferde und durch die Räder wurde der ursprüngliche Trampelpfad noch weiter ausgefahren und noch tiefer, so daß man schließlich nicht einmal mehr bei Ebbe auf die Inseln kommen konnte. Es entstanden regelrechte Fahrrinnen.

Die findigen Ostfriesen hatten da eine weitere tolle Idee. Sie machten ihre Pferdewagen länger und breiter, ließen sie vorn und hinten spitz zulaufen und dichteten sie gegen das Eindringen von Wasser ab, so daß sie schwimmen konnten. Auch die Räder wurden breiter gemacht. Dann versanken die Wagen bei Ebbe nicht mehr so tief im weichen Meeresboden. Die ersten Amphibienfahrzeuge waren erfunden.

Probleme bereiteten die Pferde, weil sie bei Flut den Boden unter den Füßen verloren und die Wagen schwimmend ziehen mußten. Aber nur wenige Pferde waren diesen Anstrengungen gewachsen.

Da kam ein findiger Ostfriese auf die Idee, in die Wagen riesige Laufräder einzubauen, wie wir sie en miniature von den Goldhamstern her kennen. Und damit waren erst einmal alle Probleme gelöst. Die Pferde wurden in die Laufräder gesteckt und auf das Kommando 'HÜH' wurde ihnen eine Mohrrübe so vor ihre Mäuler gehalten, daß sie sie um Haaresbreite nicht erreichen konnten. Aber sie versuchten das natürlich und mußten sich dazu nach vorn bewegen. Dadurch wurden dann die Laufräder angetrieben und die Boote in Bewegung gesetzt.

Einen Nachteil hatten diese schwimmenden Pferdewagen. Die Pferde brauchten viel Platz und hatten ein ziemlich großes Gewicht, so daß die Nutzlast der Fahrzeuge nur gering war.

Da erfand im Jahre 1769 der ostfriesische Hufschmied Jens Watt aus Norden die Dampfmaschine. Die Leistung dieser Maschine wurde nach ihrem Gewicht berechnet, und das wurde dann in Watt ausgedrückt. Ein Kilo dieser Maschine bezeichnete man als Kilowatt, und mit nur einem einzigen Kilo dieser Maschine konnte man fast eineinhalb Pferde ersetzen, genau 1,3596 Pferde.

Klar, daß die Pferde nicht länger auf den Booten eingesetzt wurden. Die Boote wurden fortan mit Dampfmaschinen ausgerüstet, der Antrieb über Räder blieb. Und sehr bald erhielten die mit Dampfmaschinen ausgerüsteten Boote die Bezeichnung Raddampfer, die auf dem Meeresboden fahren und im Wasser schwimmen konnten. Sie wurden zwischen dem Festland und den Inseln Juist und Norderney eingesetzt.

Norderney entwickelte sich viel schneller als Juist zu einem regelrechten Urlaubsort. Da war es kein Wunder, daß der Weg nach Norderney durch die Raddampfer sehr viel schneller ausgefahren war als der nach Juist. In der schmalen Fahrrinne, die sich aus dem steinzeitlichen Trampelpfad im Laufe der Jahrtausende nicht zuletzt durch die Raddampfer so nach und nach gebildet hatte, war ein nur schwimmender Raddampfer lange nicht so gut zu manövrieren wie bei seinen Fahrten über den Meeresboden.

Deshalb erfand ein Emder Bootsbauer die schon 1472 von Leonardo da Vinci erfundene Schiffsschraube neu. Die wurde dann zunächst ebenfalls von einer der Dampfmaschinen von Jens Watt angetrieben.

Die Inseln Juist und Norderney hatten sich inzwischen zu echten Seebädern entwickelt, in denen nicht nur Ostfriesen Erholung suchten.

So kam auch der deutsche Erfinder Rudolf Diesel im Jahre 1892 nach Norderney und erfand dort während eines Kurlaubs seinen Dieselmotor. Der war nun noch praktischer als eine Dampfmaschine, weil man nicht mehr Wasser und Kohle zum Betrieb der Dampfmaschinen mitnehmen mußte, sondern nur noch Öl, das nach Herrn Diesel Dieselöl benannt wurde.

Die Schiffe nach Juist und Norderney wurden nach und nach vollständig mit Dieselmotoren und Schraubenantrieben ausgerüstet. Durch den Wegfall der Räder wurden sie schmaler und paßten wieder in die

Fahrrinnen, und die Nutzlast der Schiffe konnte weiter vergrößert werden.

Ironie des Schicksals: Diesel war es nicht vergönnt zu erleben, wie sich in Ostfriesland durch seine Erfindung die modernsten Fährschiffs-Flotten der Welt entwickelten. Am 29. September 1913 fiel er während einer Probefahrt mit einer vom Raddampfer zum modernen Motorschiff umgebauten Fähre im Ärmelkanal über Bord und ertrank.

Die einzelnen Inseln gründeten nach und nach eigene Reedereien, die den heutigen Fährbetrieb zu ihren Inseln übernommen haben. Zu den Inseln Juist und Norderney geht es mit den modernen Fährschiffen der Reederei FRISIA, einem Unternehmen mit über 125-jähriger Tradition.

Wegen des viel größeren Besucherandrangs zur Insel Norderney ist der Fährbetrieb nach Norderney in der total ausgefahrenen und daher immer genug Wasser führenden Fahrrinne mit schraubengetriebenen Schiffen tideunabhängig und zu jeder Tageszeit möglich.

Genießen Sie die Überfahrt zu den Inseln, die alles andere als geradlinig zu den Inselhäfen, sondern wie so eine Art Mini-Kreuzfahrt im Zickzackkurs durch das Wattenmeer verläuft. In den Salons werden Sie kulinarisch ebenso verwöhnt wie auf einer mehrwöchigen Kreuzfahrt mit einem Luxusliner. Nur auf das Captain's Diner werden Sie verzichten müssen. Die Fähren nach Norderney fahren in den Sommermonaten in fast einstündigem Rhythmus, und das würde für die Kapitäne bedeuten, daß sie von morgens bis abends im Stunden-Rhythmus dinieren müßten. Und das hält auch der stärkste ostfriesische Kapitän nicht aus.

Der Weg nach Juist ist noch nicht so ausgefahren wie der nach Norderney, so daß die Fährschiffe nach

Juist nicht jederzeit genügend Wasser unter dem Kiel haben, um problemlos nach Juist gelangen zu können. Und obwohl nach Juist schon keine Autos mitgenommen werden, damit die Fähren nicht so tief im Wasser liegen, sind Fahrten nach Juist nur bei Flut, also bei Hochwasser, möglich. Wenn aber in den Wintermonaten ständige östliche Winde für dauerhaft niedrige Wasserstände sorgen, dann kann man mit einem schraubenge-  triebenen Schiff auch bei Hochwasser nicht mehr nach Juist kommen. Und dann wird noch heute der bewährte Raddampfer 'Sottewer' klar gemacht, übernimmt den Transport der Feriengäste und die Versorgung der Insulaner. Dem Raddampfer 'Sottewer' ist es dabei auch heute noch völlig gleichgültig, ob er nun wie in grauer Vorzeit durchs Wasser fährt oder streckenweise auch mal wieder über Land oder über  den Meeresboden. Im Winter wird er aus Sicherheitsgründen selbstverständlich mit Winterbereifung ausgerüstet, bei Glatteis mit Spikesreifen. Sie können sich der 'Sottewer' und ihrer hoch motivierten Mannschaft daher ganz unbesorgt anvertrauen.

Sollte Ihnen allerdings die ganze Seefahrt nicht behagen oder sollten Sie es mal besonders eilig haben: Fliegen geht auch, und zwar mit der FLN, der Luftflotte der Reederei FRISIA. Start und Landung ab dem Flughafen Norddeich und dann hinüber nach Juist oder Norderney. Einziger Nachteil dieser Reisemöglichkeit: Es geht alles viel zu schnell.

Sollten Sie den Luftweg benutzen wollen, um zu den

Inseln oder wieder zurück zum Festland zu gelangen, dann bestehen Sie auf alle Fälle darauf, daß Ihnen statt der obligatorischen Schwimmweste ein Fallschirm zur Verfügung gestellt wird. Wenn Sie im Falle eines Notfalles in großer Höhe bei Ebbe über dem Wattenmeer oder gar über dem Festland aussteigen müßten, dann sind Sie bei Ihrem Absprung mit einem Fallschirm natürlich sehr viel besser bedient als mit einer Schwimmweste. Im Wattenmeer hätten Sie auf alle Fälle auch bei Hochwasser unliebsame Grundberührung. Daran sollten Sie auch bei Ihren sonstigen innerdeutschen oder interkontinentalen Flügen denken; denn viele Menschen können schwimmen, aber kaum einer kann fliegen. Eine Schwimmweste kann Ihnen beim Schwimmen nützlich sein, zum Fliegen taugt sie jedoch nicht. Deshalb ist ein Fallschirm das bessere Rettungsmittel.

Zur Reederei FRISIA gehört also auch die FLN FRISIA Luftverkehr GmbH. Mit FRISIA können Sie daher über das Wasser, über Land oder durch die Luft nach Juist oder Norderney gelangen.

Die ganze Geschichte über die Entwicklung der Fährschiffahrt zu den Inseln Juist und Norderney und die Firmengeschichte der Reederei FRISIA würde den Rahmen dieses Büchleins bei weitem sprengen. Aber sie ist so außerordentlich interessant, daß Sie sie auf alle Fälle kennen sollten. Ich lege Ihnen deshalb die interessanten Jubiläumsbücher[4] der Reederei FRISIA ganz besonders ans Herz.

---

[4] Das Jubiläumsbuch 100 Jahre Reederei Norden-Frisia und das Jubiläumsbuch 125 Jahre Reederei Norden-Frisia, erhältlich dort, wo Sie auch dieses Büchlein erstanden haben

Fliegen
Wo der Mensch sich wohl fühlt, da fühlen sich auch seine Haustiere wohl

Schon früh erkannte der Vieh züchtende Ostfriese, daß sich auch Fliegen als Arbeitstiere vielfältig nutzen lassen und sich ideal zum Recyceln seiner in der Viehzucht anfallenden Abfälle eignen. Er begann daher schon um etwa das Jahr 10.000 herum, eine der über 45.000 Fliegenarten, die in Ostfriesland heimisch sind, zu domestizieren.
Es würde den Rahmen dieses Büchleins sprengen, alle 45.000 Fliegenarten Ostfrieslands abzuhandeln.[5] Ich will mich deshalb damit begnügen, über die gemeinste Fliegenart zu schreiben, die vor nichts Halt macht und die Ihnen in Ostfriesland auf Schritt und Tritt begegnen wird: die gemeine Stubenfliege (airbus domesticus gemeinii).

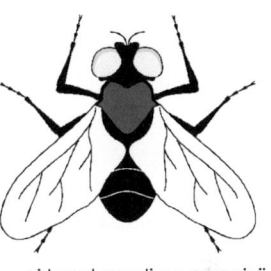

airbus domesticus gemeinii
natürliche Größe

Es wäre müßig, Ihnen die Stubenfliege hier langatmig zu beschreiben. In Ihrer Unterkunft ist sie sowieso schon vorhanden und erwartet Sie. Allein an ihrem Vorhandensein ist sie erkennbar. Sie ist handzahm und wird sicher gleich unbekümmert auf Ihnen landen, um Sie zu begrüßen.
In den bundesdeutschen Ballungsgebieten gibt es wegen der dort vorherrschenden, kaum atembaren Luft keinerlei Fliegen. Auch die natürlichen Feinde der Fliegen sucht man dort vergebens.
Wo es aber Fliegen gibt, da ist die Luft noch rein und klar. Man kann richtig durchatmen und sein Asthma

---

[5] Dem interessierten Leser empfehle ich mein Nachschlagewerk: 'V. ut Westerend's Kleine Fliegenkunde' in 45 Bänden, das überall im gut sortierten Buchhandel erhältlich ist.

vergessen. Das Vorhandensein von Fliegen ist ein sicherer Indikator dafür und ein Qualitätsmerkmal erster Güte. Sie werden es an allen Orten Ostfrieslands finden.

Vor Fliegen brauchen Sie keine Angst zu haben. Sie stechen nicht. Sie haben nämlich keinen Stechrüssel wie die Mücken. Fliegen haben lediglich einen Beiß- und Saugrüssel, mit dem sie beißen, sägen, saugen, zwicken und ihre Arbeit verrichten.

Fliegen sind den Landwirten vor allem bei der Beseitigung der in der ostfriesischen Viehzucht massenhaft anfallenden Hinterlassenschaften behilflich. Man findet sie deshalb auch massenhaft dort, wo auch diese Hinterlassenschaften zu finden sind: in den Ställen und auf den überall vorhandenen Weiden.

Wenn dort aber einmal das Futter knapp wird, dann folgen sie dem Menschen in seine Behausungen. Das gilt vor allem für die Stubenfliege.

Im Laufe der Jahrtausende haben die Fliegen gelernt, daß auch frische Lebensmittel, wie sie in Wohnungen häufig anzutreffen sind, recycelt werden können. Sie warten deren Verderb erst gar nicht ab. Sie landen sofort auf frischen Marmeladenbroten, auf Kuchen, Käse, Fleisch und Wurst, sobald sie ihre Arbeit in den Ställen und auf den Weiden verrichtet haben.

Hilfsbereit und selbstlos lutschen sie dem Menschen den Schweiß von Stirn oder anderen Körperteilen. Kleinere oder größere Wunden befreien sie von lästigem Blut und sonstigen Körperausscheidungen. Sie stellen also auch so eine Art Gesundheitspolizei dar.

Dieser Dienst am Menschen wird von unwissenden Zeitgenossen leider häufig mißverstanden, und sie versuchen alles, die Fliegen loszuwerden.

Da Fliegen nur schlecht hören können, folgen sie der Aufforderung, das Saugen und Schmatzen auf dem menschlichen Körper zu unter- und diesen zu verlassen, nur äußerst selten. Man muß sich deshalb etwas einfallen lassen, wenn man sie loswerden will.

Landwirte halten sich zu diesem Zweck oftmals eine größere Anzahl von Schwalben in den Ställen, die alle Fliegen, die den Eindruck erwecken, als hätten sie nichts zu tun, an Ort und Stelle einfangen, um damit ihre Jungen aufzuziehen.

Für Wohnungen ist diese Methode nicht sonderlich geeignet, weil sich in ihnen häufig doch nicht die zur Aufzucht von Jungschwalben erforderliche Anzahl von Fliegen findet. Sie müßten sich um Fliegen-Nachschub für den Schwalbennachwuchs kümmern und kämen dabei ganz schön ins Schwitzen. Diese Methode scheidet also aus.

Fliegen sind nicht nur als Gesundheitspolizisten für den Ostfriesen tätig. Sie sind auch ein wichtiger Teil seiner Nahrungskette. Sie stehen in Ostfriesland unter Naturschutz, weil sie u. a. den Vögeln als Nahrung dienen. Sie dürfen aus diesem Grunde auch nicht ohne weiteres mit Zeitung, Hausschuh oder ähnlichen Gegenständen erschlagen und als Wanddekoration benutzt werden. Auch die flache Hand ist nicht erlaubt. Man darf auf Fliegen allenfalls mit den gitterförmigen, an einem Stiel befestigten Fliegenklatschen einschlagen, die in Ostfriesland überall im Handel erhältlich sind, außer bei den Postämtern.

Es ist nicht erlaubt, einfach blind mit der Klatsche auf die Fliegen einzudreschen. Vielmehr ist größtmögliche Schonung der Fliegen angesagt, und man muß mit der Klatsche so zielen, daß man die Fliege genau mit einem Loch des Gitters erwischt.

In dieses Loch passen die Fliegen gerade hinein, und sie bleiben, für einen Moment betäubt, unverletzt darin hängen, wenn man es richtig gemacht hat.

Man trägt sie in diesem Loch schnell ins Freie, befreit sie dort, bevor sie es selbst tut und läßt sie wieder

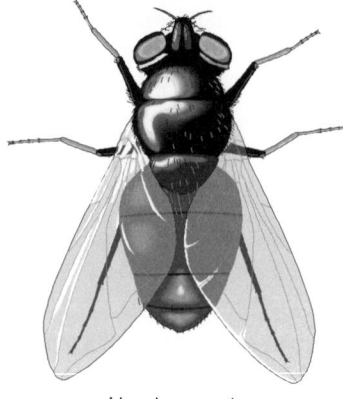

airbus brummulus
natürliche Größe

fliegen. Zuvor sollte man die Haustür verschlossen haben, um eine Rückkehr der Fliege zu verhindern. Man wartet einen günstigen Moment ab, um das Haus, von der Fliege unbemerkt, wieder zu betreten.
Für größere Fliegen, sogenannte Brummer (airbus brummulus), sind die Fliegenklatschen mit den größeren Löchern vorgeschrieben. Die Fliegen müssen also ihre Chancen haben.

Die Jagd auf Fliegen mit Klatschen ist äußerst mühsam und selten von Erfolg gekrönt. Instinktiv verweigert nämlich die mit einer Klatsche bewehrte Hand ihren Dienst, wenn sie auf ein Marmeladenbrot oder ein Sahnetörtchen schlagen soll, weil sie ahnt, daß sie es sein wird, die die entstehende Schweinerei anschließend beseitigen muß.

Man hüte sich davor, Fliegen zu töten. Erstens ist es verboten, und zweitens kommen im Falle des Todesfalles einer Fliege mindestens hundert andere Fliegen zu ihrer Beerdigung. Daraus ergibt sich, daß Massentötungen von Fliegen mittels chemischer Keulen keine Lösung sind, die Fliegen loszuwerden. Man würde das Problem nur vergrößern.

Fliegen sind tagaktive Tiere. Diesen Umstand können Sie sich zunutze machen, um sich der fleißigen und nützlichen Tierchen zu entledigen. Dazu gehen Sie wie folgt vor: Dunkeln Sie alle Ihre Wohnräume einige Zeit derart ab, daß auch nicht der kleinste Lichtstrahl in die Räume eindringen kann. Auf künstliche Beleuchtung verzichten Sie in dieser Zeit selbstverständlich. Tägliches Lüften ist zu unterlassen. Auch die Glotze bleibt in dieser Zeit außer Betrieb. Eine Woche Dunkelheit ist dabei im allgemeinen völlig ausreichend.

Nach einer Woche Dunkelheit ohne Nahrungsaufnahme werden die Fliegen unruhig. Öffnen Sie nun an einem sonnigen Tag alle Fenster und Türen sperrangelweit.

Vom Hunger getrieben werden die Fliegen Ihre Wohnung sofort verlassen. Lassen Sie vorsorglich Fenster und Türen den ganzen Tag geöffnet, damit auch die letzte Fliege Ihre Wohnung verlassen kann.

Sie brauchen nichts weiter zu tun, als darauf zu achten, daß nicht andere Fliegen diese Gelegenheit nutzen, in Ihre Wohnung einzudringen.

Wenn Sie mit dieser Methode wider Erwarten keinen Erfolg haben, dann ist das kein Grund zum Verzweifeln. Dann bedienen Sie sich einfach einer der im folgenden beschriebenen, äußerst effektiven Fangmethoden der Ostfriesen:

Besonders empfehlenswert ist die Methode, die Fliegen ihren natürlichen Feinden auszusetzen. Dazu bewaffnen Sie sich bei Sonnenaufgang mit einem größeren Pappkarton, gehen durch Garten, Wald und Feld und sammeln Spinnen aller Arten ein. Bei Sonnenaufgang deshalb, weil dann der nächtliche Tau noch auf den Spinnennetzen liegt und so anzeigt, wo Spinnen zu finden sind. Am besten gehen Sie so gegen vier Uhr in der Frühe los. Auch deshalb, damit Ihnen nicht andere Spinnensucher zuvorkommen.

Je nach Fliegenbefall rechnet man pro Zimmer etwa 50 Spinnen. Wegen der größeren Fliegenkonzentration in Küche und WC für diese Räume vorsichtshalber die doppelte Anzahl. Für eine gut ausgestattete Wohnung mittlerer Größe benötigen Sie also nicht viel mehr als 400 Spinnen.

Die Spinnen verteilen Sie gleichmäßig auf alle Räume Ihrer Wohnung.

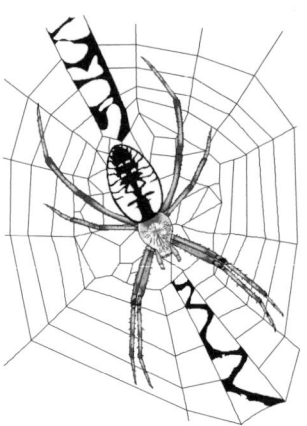

Nach ein paar Tagen haben die Spinnen sich eingelebt und überall Netze aufgespannt. Nach drei Wochen können Sie das Kapitel 'Fliegen' als erledigt betrachten. Sie sollten sich allerdings davor hüten, die Spinnennetze beim Durchschreiten Ihrer Wohnung zu beschädigen oder zu zerstören. Sonst wird es nichts.

Nach Beendigung dieser Aktion bringen Sie die Spinnen wieder an die Orte zurück, an denen Sie sie eingesammelt haben. Oder überlassen Sie sie einem freundlichen Nachbarn, der die gleichen Probleme hat wie Sie.

Wenn Sie auch damit keinen Erfolg haben, dann greifen Sie zur stärksten Waffe der Ostfriesen: Bringen Sie sich aus dem nächsten Fischgeschäft oder aber vom Strand einen toten Fisch mit. Je länger der Fisch

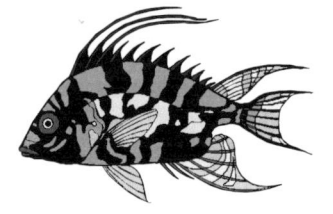

schon tot ist, um so schneller und nachhaltiger werden Sie den Erfolg erleben.

Den Fisch legen Sie in einen verschließbaren Pappkarton. Den Pappkarton mit dem Fisch stellen Sie mit geöffnetem Deckel entweder ins Wohnzimmer, ins Schlafzimmer oder ins Kinderzimmer. Aus hygieni-

schen Gründen gehört er nicht in Küche oder Toilette.
Angelockt von dem kräftigen Fischduft werden die Fliegen sich in den Karton und auf den Fisch stürzen. Jetzt brauchen Sie nichts weiter zu tun, als den Karton sofort zu verschließen und verschlossen zu halten. Letzteres ist sehr wichtig, weil die Fliegen sonst wieder dem Karton entfleuchen.

Sollten Ihnen beim ersten Mal nicht gleich alle Fliegen in den Karton gehen, dann stellen Sie einfach noch einen zweiten auf, einen dritten und einen vierten. Bei starkem Befall oder wenn es besonders schnell gehen soll, stellen Sie von vornherein in jedes Zimmer je einen Karton mit dem duftenden Köderfisch.

Wie Menschen in steckengebliebenen Aufzügen beginnen auch die Fliegen im Karton sogleich mit dem Liebesspiel und kurz darauf mit der Eiablage auf dem Fisch. Bald danach gehen sie auf natürliche Weise ein, und in Ihnen macht sich das beglückende Gefühl breit, der Fliege bei ihren vielfältigen Aufgaben und bei ihrer Arterhaltung geholfen zu haben.

Auch um den Fisch brauchen Sie sich nicht zu kümmern. Schon nach ein bis zwei Tagen fängt es in dem Karton an zu rumoren. Der Fliegennachwuchs beginnt mit der Entsorgung des Fischs.

Nach etwa einer knappen Woche ist der richtige Zeitpunkt gekommen, den Karton mit dem Fliegennachwuchs zu nehmen und seinen Inhalt dem nächsten Zoo- oder Anglergeschäft anzubieten. Zoogeschäfte nehmen den Fliegennachwuchs gern als Futter für Vögel, Fische, Schlangen, Eidechsen, Angler nehmen ihn gern als Köder. Sie können mit dem Fliegennachwuchs also auch noch Ihre Urlaubskasse ganz nett auffüllen.

Wenn Sie es sich leisten können, auf dieses Zubrot zu verzichten, dann können Sie aber auch noch ein paar Tage abwarten. Dann wird es ganz still in dem Karton. In diesem Stadium seiner Metamorphose verpuppt sich der Fliegennachwuchs nämlich und ist Ihnen in diesem Zustand völlig wehrlos ausgeliefert. Jetzt ist es an der Zeit, den Fliegennachwuchs in den natürlichen Kreislauf einzufügen. Nehmen Sie also den Karton auf einen Ihrer nächsten Spaziergänge mit und füttern Sie damit die Möwen. Möwen nehmen Ihnen den Fliegennachwuchs besonders gern ab, weil er dank Ihrer Fütterung ganz vorzüglich nach Fisch schmeckt.

Sie können den Fliegennachwuchs aber auch mit in Ihre Heimat nehmen, warten, bis es im Karton summt und brummt und die soeben geschlüpften Fliegen dort auswildern. Dieser Fliegenexport wird von den Ostfriesen zwar nicht so gern gesehen, aber sie drük-ken schon mal ein Auge zu.

Sie sehen also, daß es ganz einfach ist, dieser nur scheinbaren Plage Herr zu werden, wenn man nicht bereit ist, seine Urlaubsbehausung mit den Fliegen zu teilen.

Wenn hinter Fliegen Fliegen fliegen, fliegen Fliegen Fliegen nach.

Störtebeker
Ruhm erst postum, aber dann richtig

An Deutschlands Küsten, ob an Nord- oder Ostsee, wird Ihnen immer wieder der Name Störtebeker begegnen. Störtebeker war ein Ganove, ein Pirat, hieß Klaus mit Vornamen und wurde  schon sehr früh, nämlich 1394, gemeinsam mit seinem Kumpel Godeke Michels Führer der Vitalienbrüder.

Vitalien sind auf gut Deutsch Fressalien. Und die brauchte Albrecht, Herzog von Mecklenburg, dringend, als schwedische Stände ihn zum schwedischen König gewählt hatten, womit wiederum Margarete, Königin von Norwegen, Dänemark und Schweden, nicht einverstanden war. Sie ließ Stockholm, wo Albrecht sich aufhielt, belagern und versuchte, ihn auszuhungern.

Albrecht nun heuerte Störtebeker als Angestellten mit Gewinnbeteiligung an, damit der ihm mit seinen Brüdern die nötigen Fressalien besorgte.

Störtebeker wiederum kaperte als Freibeuter mit seinem Kumpel Michels und seinen Vitalienbrüdern die Schiffe reicher Kaufleute und lieferte seine Beute bei Albrecht ab.

Er tat das sehr erfolgreich und weil er ein guter Angestellter war, fiel ihm natürlich auf, daß er eigentlich zu schlecht für seine Dienste bezahlt wurde und daß es für ihn weitaus lukrativer war, würde er für eigene Rechnung arbeiten.
Darum machte er sich selbständig.

Störtebeker war also Vorreiter und Vorbild für alle diejenigen, die auch heute noch als Angestellte zu schlecht bezahlt werden und die sich deshalb selbständig und ihren Chefs Konkurrenz machen. Störtebeker kam aus ärmlichen Verhältnissen wie seine Vitalienbrüder auch. Und weil sein Geschäft ganz hervorragend lief und er quasi zum Nulltarif einkaufte, verschenkte er einen großen Teil seiner Beute an die Armen und machte sich damit außerordentlich beliebt.

Weniger beliebt machte er sich bei den Reichen, die Jagd auf ihn machten. Schließlich wurde Störtebeker mit seinen Mannen im Jahre 1401 vor Helgoland und in der Emsmündung von Hanseflotten geschlagen.

Alle seiner Vitalienbrüder kamen um. Er selbst wurde mit Godeke Michels gefangen genommen und nach Hamburg gebracht. Dort lebte er noch einige Monate in Gefangenschaft, und 1402 schließlich wurden er und Michels einen Kopf kürzer gemacht.

Albrecht aber wurde am Ende doch von Margarete besiegt und weil alle inzwischen gestorben sind, leben sie heute nicht mehr.

Störtebeker war ein Ganove, ein Verbrecher, dem auf seinen Beutezügen vermutlich auch Menschenleben nichts bedeuteten. Aber kein Verbrecher vor ihm und kein Verbrecher nach ihm wurde postum so geehrt und so verehrt wie er. Und ausgerechnet seine Widersacher, Leute mit Verstand, Vermögen und Ansehen, sind es, die ihm diese Ehren zuteil werden lassen, ihm Denkmäler setzen, ihre Schiffe nach ihm benennen, Gebäude und Straßen. Selbst Festspiele werden zu seinen Ehren veranstaltet, und er wird als

Volksheld gefeiert. Störtebeker lebt also fort wie kein anderer seiner Zeit.

In Ostfriesland wird die Küstenstraße, die die Siele miteinander verbindet, Störtebekerstraße genannt. Marienhafe veranstaltet regelmäßig Störtebeker-Festspiele, in denen Störtebekers Leben aufgeführt und verherrlicht wird. Störtebeker-Festspiele finden in Schleswig-Holstein und in Mecklenburg-Vorpommern statt. Jeder größere Ort an den Küsten nennt Störtebeker einen Sohn ausgerechnet seiner Stadt. Alle wollen ihren Störtebeker haben.

Und so kommen auch heute noch viele Menschen durch Störtebeker zu Lohn und Brot, weil sie in irgendeiner Form mit ihm und seinen Vitalienbrüdern zu tun haben.

Selbst die küstenferne Stadt München hat Störtebeker ein Denkmal gesetzt und einen Markt nach Störtebeker und seinen Brüdern benannt: den Viktualienmarkt. Viktualien sind das Gleiche wie Vitalien, nämlich auch Fressalien. Und die werden auf dem Viktualienmarkt auch heute noch in überreichem Maße angeboten. Leider nicht umsonst wie zu Störtebekers Zeiten. Eigentlich schade.

Aus allem folgt jedoch, daß man es auch als Ganove durchaus zu Ruhm und Ehren bringen kann. Man muß nur aufpassen, daß man nicht den Kopf verliert. Sonst klappt es mit Ruhm und Ehren erst postum wie bei so vielen großen Malern, Musikern, Denkern und Dichtern. Aber es klappt.

Weiterbildung

Was Hänschen nicht lernt, kann Hans immer noch lernen

Ostfriesland bietet dem weniger Gebildeten eine Vielzahl von Weiterbildungsmöglichkeiten. Da wäre zunächst die Weiterbildung an den Volkshochschulen zu nennen. In aller Regel ist die Weiterbildung dort für Touristen leider nicht geeignet, weil die Kurse länger als einen Urlaub dauern und weil die Volkshochschulen ausgerechnet dann Ferien machen, wenn auch Sie das tun. Das klappt also nicht.
Interessant ist die Möglichkeit, sich eine Ausbildung zum Skipper angedeihen zu lassen, und manches Landei hat dadurch seine Liebe zum Wassersport

entdeckt.
Im Branchenbuch Ostfrieslands findet man unter 'Sportschulen' auch die Schulen, die einem das notwendige Wissen zur Erlangung der für das selbständige Führen von Wasserfahrzeugen erforderlichen Fahrerlaubnis vermitteln.

Sie können nämlich nicht einfach irgendein motorisiertes Boot an Ostfrieslands Küsten zu Wasser lassen und dann munter drauflos schippern. So geht es nicht.
Sie brauchen für ein Boot, das durch einen Motor von mehr als 5 PS fortbewegt wird, einen Motorbootführerschein für Binnenfahrt, wenn Sie auf den deutschen Binnenwasserstraßen schippern wollen, z. B. auf dem Rhein.

Hat Ihr Boot nur einen Motor von weniger als 5 PS, dann benötigen Sie überhaupt keinen Führerschein. Dennoch sollten Sie sich wenigstens mit der Binnenwasserstraßenordnung und den Fahr- und Spielregeln auf den Binnenwasserstraßen vertraut machen, damit Sie keinen Schiffbruch erleiden.

Wenn Sie an der Küste schippern wollen, dann benötigen Sie den amtlichen Sportbootführerschein, der Sie berechtigt, das auf den Seeschiffahrtsstraßen zu tun. Zu den Seeschiffahrtsstraßen gehören auch Ems, Weser, Elbe; Nord- und Ostsee sowieso. Sie werden in Ostfriesland also kaum etwas mit einem Binnenführerschein.

Etwas anders geregelt sind die Vorschriften beim Segeln. Für das Segeln benötigen Sie nämlich keinen Führerschein. Wenn Ihr Segelboot aber wiederum über einen 'Flautenschieber' verfügt, was die Regel ist, dann siehe oben, ein Motorbootführerschein ist nötig.

Schulen, in denen Sie gründlich auf den Wassersport vorbereitet werden, gibt es in erster Linie auf den Inseln.

Wenn Sie dann schließlich berechtigt sind, auf Deutschlands Binnenwasserstraßen und auf seinen Seeschiffahrtsstraßen am Wasserstraßenverkehr teilzunehmen, dann werden Sie in Ostfriesland ziemlich vergeblich Ausschau nach einer Bootsvermietung halten. Ihre Führerschein-Kurse waren eine unterhaltsame und lehrreiche Abwechslung für Sie, aber sie nützen Ihnen hier nicht viel, weil Sie sich hier kein Boot mieten können. Bedauerlich.

Wenn es Sie zu sehr drängt, sich wassersportlich zu betätigen, dann fahren Sie doch einfach mal ins niederländische Friesland. Das ist ein Wassersportparadies erster Güte mit seinen vielen 'Meeren', die wir als Seen bezeichnen würden. Dazu kommen unzählige Kanäle, die die Meere miteinander verbinden und über die Sie schließlich auch ins Ijsselmeer gelangen.

Auf dem Ijsselmeer können Sie dann Ihr Können unter Beweis stellen.

Im niederländischen Friesland gibt es in fast jedem Ort einen oder mehrere Bootsverleiher, ob Motorboot oder Segelboot. Das Angebot ist riesig, aber nicht jeder Vermieter gestattet Ihnen den Besuch des Ijsselmeers.

Irgendwelche Führerscheine für Ihre Teilnahme am niederländischen Wasserstraßenverkehr benötigen Sie nicht. Sie brauchen sich Ihren Ostfriesland-Urlaub deshalb auch nicht mit Büffeln irgendwelcher Regeln zu verderben.

Mit Ihren Wassersport-Führerscheinen dürfen Sie übrigens Boote aller Größenordnungen bis hinauf zum Flugzeugträger führen. Aber Sie dürfen das nur zu privaten Vergnügungszwecken tun. Wenn Sie sich also privat einen Flugzeugträger leisten können, dann geht das absolut in Ordnung. An irgendwelchen Kriegshandlungen dürfen Sie damit jedoch nicht teilnehmen. Und auch für Ihre nachbarschaftliche Kleinkriegsführung ist ein Flugzeugträger eigentlich nicht so wahnsinnig gut geeignet.

Für Ihr berufliches Fortkommen sind Wassersport-Führerscheine deshalb eher nicht besonders gut zu gebrauchen.

Ostfriesland bietet aber gerade deshalb für alle, die die Kurve in Studium oder Berufsleben nicht so richtig gekriegt haben, weil ihnen Abitur oder Mittlere Reife versagt blieben, Möglichkeiten zu deren nachträglichem Abschluß.

Holen Sie jetzt Ihr Abitur nach oder frischen Sie Ihr Abiturwissen wieder auf. Das können Sie in Wittmund[6] tun. Dort werden die entsprechenden Kurse abgehalten.

Die Prüfungsfächer[7] beim Ostfriesen-Abitur sind u. a.

im Teil A:

WEIT- und ZIELBOSSELN (s. Kapitel Boßeln)

BESSENSMIETEN (mit einem alten Reisigbesen werfen)

PADSTOCKSPRINGEN (Stabhochsprung in einen Wassergraben)

BALKENLAUFEN (wenn es mit dem Padstockspringen nicht klappt)

MELKEN (einer 'Fertigmilchkuh')

im Teil B:

LÖFFELTRUNK (Schnaps aus Löffeln trinken)

OSTFRIESLANDKUNDE (10 Fragen sind zu beantworten, Sie werden zunächst geschult)

TEETRINKEN (Teezeremoniell auf Ostfriesenart)

KRABBENPULEN (das lernen Sie gründlich im Kapitel Krabben pulen)

PLATTDEUTSCH (in der mündlichen Prüfung)

Als Abschluß bekommen Sie Ihr Abitur-Zeugnis, in dem Ihnen Erfolg, guter Erfolg oder ein sehr guter Erfolg bescheinigt wird. Die Abi-Besten werden ganz besonders geehrt.

Das Ostfriesenabitur wird von allen Universitäten und Hochschulen anerkannt.

Anders als ein Motorboot-Führerschein hilft Ihnen Ihr Ostfriesenabitur auch dann beruflich weiter, wenn

---

6 Anfragen an die Gästeinformation Wittmund, Rathaus, Kurt-Schwitters-Platz 1, 26409 Wittmund, ☎ 04462-983-125 oder 983-0
Internet: www.wittmund.de
7 Quelle: Landkreis Wittmund

Sie nicht studieren wollen. Krabben-Puler sind immer gefragt, und mit etwas Glück können Sie sich im schönen Marokko als Krabben-Puler betätigen.

Ihre Kinder können in Wittmund auch gleich die Prüfung zur Mittleren Reife ablegen, die auf das Ostfriesenabitur vorbereitet. Die Prüfungsfächer in der Mittleren Reife ähneln denen des Abiturs, sie sind jedoch leichter.

Wenn es mit den Sprößlingen in der Schule also mal nicht so recht klappen will, dann lassen Sie die Kleinen hier wenigstens schon mal die Mittlere Reife machen.

FKK-Strände
Keine Angst vor Erektionen

Ursprünglich von Kaiser Wilhelm für diejenigen seiner Untertanen geschaffen, die sich die damals übliche, alles verdeckende, züchtige Badebekleidung nicht leisten konnten, wurde diese kaiserliche Sozialleistung nach dem letzten Krieg ins Gegenteil verkehrt. Die

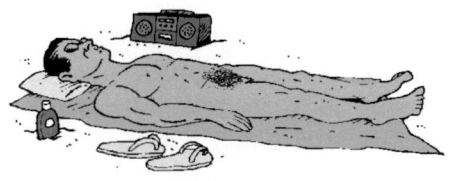

Reichen nahmen die schönsten Strände an Nord- und Ostsee für sich in Besitz und legten dort ihre teuren Einteiler und Badehosen ab.

Zunächst erhielt diese Art Strand die etwas prosaische Bezeichnung: 'Nackt-Badestrand'. Schnell sprach sich aber unter der armen Bevölkerung herum, daß es an diesen Stränden etwas zu sehen gab, was man nicht überall zu sehen bekam. Man guckte

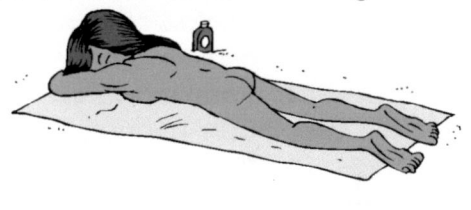

auch völlig ungeniert zu, wenn die Reichen sich auszogen. Und die hatten auch noch Freude daran, daß man ihnen zusah. Als dann ein Reicher eines Tages aufschnappte, wie ein Armer seinem Freund zurief: „Frerich, komm kieken", da war der Name FKK-Strand geboren. Hätten Sie's gewußt?

Das Recht, sich am Badestrand jeglicher Kleidung zu entledigen, war eigentlich ärmeren Bevölkerungsschichten vorbehalten, die ja darauf angewiesen waren, ihre Badekleidung zu schonen. Aber es nützte nichts. Die Armen mußten von den Reichen teure

Badesachen kaufen, damit die es sich leisten konnten, ihre eigene Badegarderobe abzulegen.

Um nicht zu viel Geld für überflüssiges Stoffmaterial ausgeben zu müssen, verfielen die Armen auf die Idee, ihre Badekleidung immer mehr zu verkleinern. Vom teuren Einteiler gingen sie zum Bikini über, vom Bikini zu Monokini und Monotanga. Ein Bikinioberteil kann man schon nirgends mehr kaufen. Es gibt keine mehr.

Da in Deutschland sich bekanntlich eine neue Armut breit macht, sind viele schon dazu übergegangen, sich nur noch mit einem Bindfaden zu bekleiden. Andere können sich nicht einmal mehr diesen leisten, und so gibt es heute an allen Stränden Ostfrieslands kaum noch Unterschiede zwischen Arm und Reich. Wer sich Badekleidung leisten kann, der zieht sie aus, wer sich keine leisten kann, der zieht keine an.

Da nun keine Unterschiede mehr zwischen Arm und Reich sichtbar sind, läßt sich auch nicht so genau sagen, wo FKK-Strände zu finden sind. Sie sind generell überall dort, wo sich ausgezogen wird. Ziehen auch Sie sich aus, wo immer es Ihnen beliebt. Wenn anderen Ihr Nacktsein nicht paßt, dann können die sich ja ein anderes Plätzchen am Strand suchen. Und schon haben Sie Ihren eigenen FKK-Strand.

Wenn Sie es aber lieber offiziell mögen: FKK-Strände gibt es auf Borkum und Norderney, auf dem Festland aber nicht.

Während am FKK-Strand auf jegliche Körperbekleidung verzichtet werden kann, ist es zwingend notwendig, daß vor allem Sie, lieber Herr Tourist, einen Hut mit an den Strand nehmen, am besten einen Sombrero, ziemlich hoch und mit breiter Krempe. Der sorgt dafür, daß Sie auch an diesem Strand immer korrekt gekleidet sind und auch in Extremsituationen immer einen kühlen Kopf behalten. Er erfüllt aber noch einen anderen Zweck:

Trotz aller Bemühungen, es so weit nicht kommen zu lassen, passiert es immer mal wieder: Sonne, ein warmes Lüftchen und das sanfte Rauschen des Meeres mit seinem erotisierenden Duft sorgen dafür, daß Mann eine Erektion bekommt.

Des einen Freud' ist des andern Leid. Da ist der eine stolz und glücklich, daß dieses kleine Wunder doch noch einmal geschehen ist, dem anderen aber ist es ziemlich peinlich.

Wenn Sie, lieber Herr Tourist, zu der letzteren Sorte Mann gehören, dann heißt es: 'Ruhe bewahren, nur keine Panik'. Falls Sie nicht sowieso schon in Bauchlage sind und dieser Ihre Erektion verdanken, dann drehen Sie sich um, bis Sie in Bauchlage sind. Lassen Sie dann Ihren Blick schweifen, bis Sie sicher sein können, daß niemand Sie beobachtet.

Jetzt zeigt sich, wie universell einsetzbar Ihr Sonnenhut ist. Nehmen Sie ihn, stehen Sie schnell auf und hängen Sie ihn dran, als sei das die natürlichste Sache der Welt. Dann gehen Sie mit Hut langsam ins Wasser, bis Ihr Hut schwimmt. Werfen Sie ihn dann an Land.

Nun schwimmen Sie etwa eine halbe Stunde lang. Das Nordseewasser ist auch im Sommer kühl genug, Ihr kleines Mißgeschick schnell aus der Welt zu schaffen und Sie nach Ihrem Bade in geradezu knabenhaftem Look den Fluten wieder entsteigen zu lassen.

Ihren Hut brauchen Sie nun auch wieder, aber halten Sie ihn jetzt gut fest.

Wie auch immer: Sie können sich damit trösten, daß Sie die Lacher auf Ihrer Seite haben. Vorher und nachher. Vielleicht sind Sie aber auch erfinderisch genug, sich etwas Besseres einfallen zu lassen.

Zum Schluß noch ein sehr ernst gemeinter Rat an Sie, lieber Herr Tourist: Ziehen Sie zu jedem Bad in der Nordsee Ihre Badehose an, ersatzweise Ihre Doppelripp-Unterhose mit vertikalem oder horizontalem Eingriff, und gehen Sie nur in extremen Notfällen, wie dem oben geschilderten, ohne Badehose ins Wasser. Schwimmen Sie ausnahmsweise mal ohne alles, dann tun Sie dies bevorzugt in Rückenlage. Nordseefische gehen auf Wurm!

Boßeln
Jede Straße ist auch eine Kegelbahn

Bei Ihren Fahrten durch Ostfriesland werden Sie – vor allem an den Wochenenden und bei dichtestem Verkehr – auf den Straßen immer wieder kleinere oder größere Gruppen von Menschen antreffen, die scheinbar einen Kegelausflug machen. Kegel sieht

man nicht, aber die Kegelkugel wird immer wieder geschoben. Lassen Sie sich nicht täuschen. Das sind keine Landsleute von Ihnen auf Kegelausflug. Das sind Ostfriesen. Die Ostfriesen waren immer ein armes Volk, das sich überdachte Kegelbahnen nicht leisten konnte. Weil sie aber durchaus erfinderisch sind, haben sie ein eigenes Kegelsystem erfunden, bei dem sie auf einer überdimensionalen Asphaltbahn wenigstens die gleichen Bewegungen machen können wie ein Kegler unter Dach. Bei diesem System kommt man völlig ohne Kegel aus. Es ist deshalb auch viel preiswerter als das von den Ostfriesen so genannte 'utländische Kegeln', weil man auf einen Kegeljungen verzichten kann. An frischer Luft ist es auch viel gesünder.
Die Ostfriesen nennen ihr Kegelsystem Boßeln. Zweck dieser Extremsportart ist es, eine Kegelkugel zwischen möglichst vielen fahrenden Autos hindurch in einen wassergefüllten Straßengraben zu rollen. Mit langen Stangen, an deren einem Ende eine Fahne und am anderen ein korbähnliches Gebilde befestigt ist, muß nun versucht werden, die Kegelkugel in möglichst kurzer Zeit wieder aus dem moddrigen Wasser zu fischen. Wer die Kugel zuerst aus dem Wasser zieht, der bekommt einen Punkt.

Auf diese Weise werden so etwa 30 Kilometer abge-
schritten. Am Ende werden die Punkte zusammenge-
zählt. Wer die meisten hat, der hat gewonnen.

Noch in einem weiteren Punkt gleicht das ostfriesische Kegeln dem 'ausländischen' auf Bundeskegel-
bahnen: Es wird bei diesem open-air-Kegeln eben-
soviel getankt wie auf den überdachten Kegelbahnen. In einem Bollerwagen wird der erforderliche
Stoff von den Marketenderinnen der Kegeltruppe
hinterhergefahren.

Handys
Ständige Erreichbarkeit gefährdet den Job

Viele Touristen glauben, sich durch ein Handy aufwerten zu müssen und sie versuchen, die Ostfriesen damit zu beeindrucken. Dazu führen sie ihre Handygespräche vorwiegend in aller Öffentlichkeit, dort, wo es besonders störend wirkt, also in Restaurants, in Supermärkten, an Tankstellen. Anders wäre so ein Handy auch total witzlos. Ein unbemerktes Handy ist nicht mehr wert als ein normales Telefon. Man will vorführen, daß man der Chef ist und eigentlich unabkömmlich.

Seit Gerhard Schröder 1995 (seinerzeit Wirtschaftssprecher der SPD) auf dem Deich von Neuharlingersiel von seinem damaligen SPD-Chef Rudolf Scharping per Handy in die Wüste geschickt wurde, wissen die Ostfriesen es besser: Der Chef sitzt daheim in seinem Ledersessel hinter seinem Schreibtisch und ruft per stinknormalem Telefon seinen Subalternen in Ostfriesland an, um ihm den Urlaub zu vermiesen oder um ihm noch schnell vor Toresschluß die Kündigung zu verpassen.

Ein Handy ist kein Arbeitsgerät für einen Chef. Er braucht es nicht. Er kann es sich leisten, abkömmlich zu sein und einen ungestörten Urlaub zu genießen. Jederzeit erreichbar müssen die Subalternen sein, die stellvertretenden Stellvertretervertreter.

Beweisen Sie wahre Größe! Lassen Sie Ihr Handy zu Hause. In Ostfriesland ist der Empfang sowieso äußerst schlecht. Deshalb werden Ihnen in Ostfriesland die Handys auch an jeder Straßenecke nachgeworfen. Nehmen Sie eins als Andenken an einen ungestörten Urlaub mit nach Hause und schenken Sie es

Ihrem Chef, damit Sie ihn für Rückfragen erreichen können, wenn er mal im Urlaub ist.

Merke: Ein Handy wertet den Chef nicht auf, es wertet den stellvertretenden Stellvertretervertreter ab. Wenn es Sie aber drängt, Bundeskanzler zu werden, dann machen Sie sich ruhig zum Sklaven Ihres Handys. Gerhard Schröder ist am Ende auch Kanzler geworden und Rudolf Scharping sein Untergebener.

Ausnahmen bestätigen eben auch diese Regel. Sonst hätten wir viel mehr Kanzler.

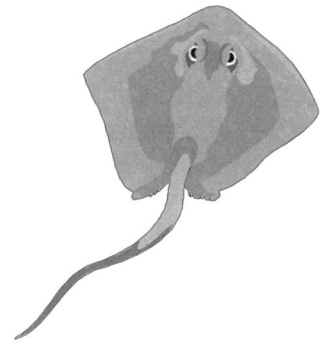

Ebbe und Flut
Ostfriesen hinter dem Mond?

Erst sehr spät, nämlich am 24.07.1969, wurden auch an der ostfriesischen Nordseeküste Ebbe und Flut eingeführt.

Das lag daran, daß Ostfriesland zu lange ein relativ unbekanntes und unterentwickeltes Land war. Was Ebbe bedeutete, wußten die Ostfriesen zwar schon so lange, wie sie nicht mehr von Tauschgeschäften lebten, sondern auch für sich das Geld eingeführt hatten, aber Ebbe hatte in Ostfriesland mit der Nordsee nichts zu tun, nur mit den ostfriesischen Kassen.

Wegen ständiger Ebbe also hatten die Ostfriesen Anfang der sechziger Jahre eine bayerische Werbeagentur damit beauftragt, Ostfriesenwitze zu erfinden, damit Ostfriesland endlich bekannt wurde und damit Geld in die Kassen kam. Das war klug gedacht und gehandelt; denn ein Witz, besonders ein schmutziger, breitet sich viel schneller aus als die beste Waschmittelwerbung und er macht Appetit auf noch mehr Witze und neugierig auf die, über die gewitzelt wird.

Der Erfolg ließ nicht lange auf sich warten. Schon bald fiel eine wahre Flut von Touristen in Ostfriesland ein und entdeckte hier ein bisher unerschlossenes Badeparadies für sich.

Vorbei war es endlich mit der Ebbe in den ostfriesischen Kassen. Aber die Touristen-Flut stellte die Ostfriesen vor ganz erhebliche Probleme. Hunderttausende bis Millionen kamen nun jedes Jahr zum Baden nach Ostfriesland. Schon Anfang Mai gingen die ersten ins Wasser, Anfang Oktober immer noch die Unentwegten.

Wo Millionen zum Baden ins Wasser gehen, da urinieren auch Millionen ins Wasser. Schon bald konnte man das riechen und auch das ehemals blaue Wasser bekam von Tag zu Tag eine immer mehr ins Grün gehende Färbung. Das führte schon Mitte der sechziger Jahre dazu, daß das Baden im Meer bereits ab Mitte Juni verboten werden mußte, mit der Folge, daß die Badegäste wieder wegblieben. Es mußte also etwas mit dem Nordseewasser geschehen, um es das ganze Jahr über attraktiv zu machen.

Die Ostfriesen entschlossen sich zur aufwendigsten, aber auch zur sichersten Methode: Zweimaliger kompletter Wasserwechsel am Tag.

Das geht folgendermaßen vor sich: Weit draußen unter dem Meeresboden der Nordsee befanden sich früher gewaltige Öl- und Gasfelder, die zum großen Teil bereits ausgebeutet, also leer gepumpt worden sind. Dadurch entstanden unter der Nordsee riesige Hohlräume, in die man das schmutzige Nordseewasser einfach hineinlaufen läßt, bis sie voll sind. Das dauert gut und gern so um die sechs Stunden herum. Dann sind die Hohlräume voll, und es beginnt der umgekehrte Vorgang: An einer anderen Stelle des Meeresbodens, gleich hinter Helgoland, wird nun Wasser hochgepumpt, nämlich das gleiche Wasser, das man in die Hohlräume hineinlaufen ließ. Durch die dicken Sandschichten des Meeresbodens, die das Wasser aus den Hohlräumen bis zu den Pumpen durchlaufen muß, wird das Nordseewasser gefiltert und wieder absolut rein und klar. Manchmal allerdings findet man am Strand noch einen kleinen schwarzen Klumpen oder tritt hinein. Dieser Klumpen ist ein Rest aus den ausgebeuteten Ölfeldern und absolut kein Grund zum Fluchen. Er ist ein Qualitätsmerkmal des gereinigten Wassers. Man nennt dieses Öl auch 'schwarzes Gold'. Es ist also sehr wertvoll und bringt Glück.

Leider nutzen die Kapitäne mancher Hochseeschiffe diesen Umstand aus, um auf hoher Nordsee einen Ölwechsel an den Maschinen ihrer Schiffe vorzunehmen. Es ist also nicht immer 'schwarzes Gold', was an ihren Füßen glänzt. Manchmal ist es auch ganz einfach ordinäres Altöl aus irgendeiner Schiffsmaschine.

Sie können das 'schwarze Gold' sehr einfach von ordinärem Altöl aus Schiffsmotoren unterscheiden: 'Schwarzes Gold' ist ein Glücksbringer. Wer sich intensiv mit ihm beschäftigt, bringt es zu Geld und Reichtum. An jeder Tankstelle wird das unter Beweis gestellt. Man kann es unmittelbar an den Zapfsäulen ablesen.

Glück hält nicht lange. Es läuft einem nicht nach, ist meistens nur von kurzer Dauer und man ist es schnell wieder los. Und so läßt sich auch das 'schwarze Gold', das Erdöl, mit einigen Tropfen Sonnenöl oder Sonnenmilch spielend leicht von den Füßen entfernen. Sie haben also Glück gehabt.

Anders ist es mit dem zähen Altöl aus den Schiffsmotoren. Es ist wie Pech. Pech läuft einem regelrecht nach und haftet lange an einem. Gleich dreimal hintereinander Pech zu haben ist eigentlich der Normalfall. Auch dieses zähe Altöl hängt an Ihren Füßen wie Pech. Sie haben Pech gehabt, als Sie ins Schwarze getreten haben.

Um dieses Pech loszuwerden, müssen Sie schon zu härteren Mitteln greifen. Sie brauchen aggressive Lösemittel wie Benzin, Nitroverdünnung oder auch ganz einfach 30 %ige Salzsäure. Konzentrierte Natronlauge tut's auch. Probieren Sie einfach mal alles aus. Sie müssen nur aufpassen, daß Sie bei Ihren Reinigungsversuchen nicht noch mehr Pech haben und Ihren Fuß verlieren.

Wer das Zeug nun gar nicht abkriegt, dem sei zum Trost gesagt: Mit der Zeit wächst alles raus. In etwa acht Wochen ist die Sache vergessen. - Der Rückfluß des Wassers dauert natürlich ebenso lange wie sein Abfluß, nämlich auch um gute sechs Stunden herum. Wenn die Ostfriesen das Wasser zum Reinigen ablaufen lassen, dann nennen sie diesen Vorgang 'Ebbe', weil er viel Gemeinsames mit ähnlichen Erscheinungen in ihren Portemonnaies hat. Das kennen Sie sicher auch aus eigenem Erleben. Und wenn das Wasser zurückgepumpt wird, dann nennen sie diesen Vorgang 'Flut', weil er viel mit den Touristenströmen zu tun hat, die Ostfriesland überfluten und Geld in die leeren Kassen fließen lassen.

 Den Ostfriesen wurde früher nachgesagt, sie lebten hinter dem Mond. Und deshalb ist es kein Zufall, daß sie Ebbe und Flut ausgerechnet am 24.07.69 einführten. Das ist nämlich der Tag, an dem die Astronauten Armstrong und Aldrin auf dem Mond landeten, während der Astronaut Collins den Mond weiter umkreiste und ihn sich auch mal von hinten ansah. Dort soll er tatsächlich auf eine ostfriesische Kolonie gestoßen sein.

Ganz und gar nicht zufällig hat also der Mondflug mit Ebbe und Flut in Ostfriesland zu tun. Absolut gewollt finden Ebbe und Flut in Ostfriesland daher zweimal während eines Mondtages statt. Und der ist nicht etwa 24 Stunden lang wie ein Erdentag, sondern 24 Stunden und 50 Minuten. So kommt es auch, daß Ebbe und Flut jeden Tag ein bißchen später eintreten als am vorangegangenen Tag. Kein Wunder also, daß an manchen Tagen das Baden in Ostfriesland buchstäblich ins Wasser fällt, weil gar kein Wasser da, sondern gerade Ebbe ist.

Man kann seine Uhr daher auch nicht nach Ebbe und Flut stellen. Tut man das trotzdem, dann geht sie zwangsläufig nach dem Mond.

Wenn Sie nun ganz genau wissen möchten, wann Ebbe ist und wann Flut, dann hilft ein Blick in die Tageszeitung. Dort steht es täglich neu, schwarz auf weiß. Wer diese Informationen gleich für das ganze Jahr und für die ganze deutsche Nordseeküste haben möchte und dazu auch noch die Zeiten für Sonnen- und Mondauf- und -untergänge, dem sei der Gezeitenkalender des Deutschen hydrographischen Instituts empfohlen, der in allen Buchhandlungen erhältlich ist.

Durch den mehrmaligen Wasserwechsel am Tag ist das Badewasser an den ostfriesischen Stränden, ob auf dem Festland oder auf den Inseln, heute von immer wieder gelobter Qualität.

Wattwanderungen
Der kostengünstige Weg zu den Inseln

Viele Festland-Touristen packt irgendwann der Wunsch, auch den Inseln mal einen Besuch abzustatten, um dort die Nordsee in ihrer ganzen Schönheit zu erleben und um an einem richtigen Sandstrand in der Sonne zu braten. Oft aber mangelt es am nötigen Kleingeld für die Überfahrt mit der Fähre.
Ein vernünftiger Ausweg ist der, eine Tour zu Fuß zu gehen. Entweder fährt man mit der Fähre zur Insel und geht zu Fuß zurück oder aber man wählt den umgekehrten Weg: Hin zu Fuß, zurück mit der Fähre. Das ist so zu fast allen Inseln möglich.
Wenn man auf diese Weise zum Beispiel der Insel Baltrum einen Besuch abstatten möchte, dann kann man pro Person immerhin drei Euro sparen; denn die einfache Fahrt ist um diese drei Euro günstiger als Hin- und Rückfahrt.
Im Sommer machen fast jeden Tag Hunderte von Touristen von dieser Möglichkeit Gebrauch.
Eine Wanderung durchs Watt lohnt sich also wirklich und ist schon ein kleines Erlebnis. Weil es aber einiger Erfahrung bedarf, ungefährdet durchs Watt zu laufen, sollte man auf keinen Fall auf die Führung durch einen Wattführer verzichten.
Zur Insel Baltrum geht man vom Hafen Neßmersiel aus. In etwa zweieinhalb Stunden ist man drüben. Alle nötigen Informationen erteilt der Wattführer. Ich verzichte deshalb darauf. Auch deshalb, um Sie nicht zu animieren, sich ohne Wattführer auf den Weg zu machen.
Manche Tage sind für einen Inselbesuch zu Fuß nicht geeignet, weil die Ebbe zu spät einsetzt, so daß man kaum Aufenthalt auf der Insel hat.

Wenn Sie es aber unbedingt trotzdem probieren möchten, dann empfehle ich Ihnen, auf Ihrem Mountainbike rüberzuradeln. Sie werden ganz schön strampeln müssen, wenn Sie mit dem Wattführer Schritt halten wollen; denn der fährt mit dem Moped, was Ihnen leider nicht erlaubt ist.

Allerdings werden Sie bei dieser Tour dann nichts mehr sparen, weil Sie für die Rückfahrt ja auch die Fährgebühren für Ihr Mountainbike mit ins Kalkül ziehen müssen.

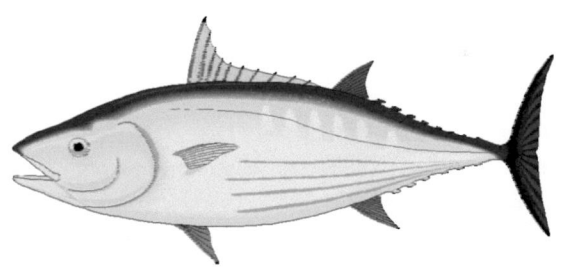

Nutzen Sie Ihre Wattwanderung auf jeden Fall auch gleich zu einem ausgiebigen Bad im Schlick. Hier kostet es nichts. Zu Hause müssen Sie jedoch viel Geld dafür bezahlen, seit es diese Bäder nicht mehr auf Krankenschein gibt.

Ansichtssachen
Pflichtübung oder erholsame Abwechslung?

Geteilte Freude ist doppelte Freude. Deshalb ist es unerläßlich, daß Sie Ihre Urlaubsfreuden mit Ihren Mitmenschen teilen und sie wissen lassen, daß Sie sich in Urlaub befinden und wo. Nehmen Sie daher unbedingt Ihr Adreßbüchlein mit in den Urlaub und warten Sie am Urlaubsort dann einen Regentag ab, an dem Sie dieser schönen und unterhaltsamen Pflichtübung nachkommen können. Sie können bei dieser Gelegenheit dann auch gleich Ihren Dank für die Urlaubsgrüße vom vergangenen Jahr, das Weihnachtsgeschenk oder die Weihnachtsgrüße vom zurückliegenden Jahr oder auch Ihre nachträglichen Geburtstagsgrüße und -wünsche mit einflechten. Auf diese Weise können Sie gleich mehrere Fliegen mit einer Klappe schlagen.

Einen unschönen Eindruck macht es allerdings, wenn Sie schon aus dem Sommerurlaub heraus im voraus ein frohes Weihnachtsfest und einen guten Rutsch wünschen. Das könnte vom Adressaten schon jetzt so aufgefaßt werden, als würde er in diesem Jahr nichts mehr von Ihnen hören. Das trifft zwar zu, aber das merkt er schon noch früh genug.

Die modernen Möglichkeiten der Kommunikation machen einem die Wahl des geeigneten Mittels hierzu außerordentlich schwer. Wer auf Handy steht, der wird womöglich eine SMS versenden. Wer seinen Laptop in den Urlaub mitgenommen hat und über einen Telefonanschluß in seiner Wohnung verfügt, der wird vielleicht eine E-Mail loslassen. Bei neuzeitlichen Handys geht das auch schon drahtlos über dieses Handy. Mit diesen Kommunikationsmitteln geht einem im Urlaub nicht so viel Zeit verloren. Und preiswert ist es auch noch, oft kaum teurer als eine ordnungsgemäß frankierte Ansichtskarte.

Allzu große Begeisterung lösen auf diese Weise übermittelte Urlaubsgrüße beim Empfänger allerdings meistens nicht aus, vor allem dann nicht, wenn er diese Grüße auf eigene Kosten bei seiner Mailbox abfragen muß, weil er z. B. sein Handy nicht eingeschaltet hatte.

Eine weit verbreitete, etwas altmodische, aber dennoch sehr elegante Möglichkeit der Versendung von Urlaubsgrüßen bietet auch ein Faxgerät in seiner ur-

 sprünglichen Form. Bei vielen Vermietern steht solch ein Gerät herum, und nur zu gern wird der Vermieter seinem Gast die Benutzung dieses Gerätes erlauben. Aber auch die auf diese Weise versandten Urlaubsgrüße lösen beim Empfänger längst nicht die vom Absender erwartete Freude aus.

Der Grund dafür ist der, daß der Absender des Faxes das Original seiner Grüße für sich behält und der Empfänger nur eine schlechte Kopie bekommt, zu der er auch noch das Papier selbst stellen muß. Man kann mit dem Besitz eines Faxgerätes beim Empfänger auch keinen Eindruck schinden, weil ja längst nicht jeder ein solches Gerät besitzt. Aber der Empfänger hat ja eins, und bei dem kann man mit dem Besitz eines solchen Geräts nicht angeben.

Ein Fax ist also eine absolut herz- und lieblose Sache, auch deshalb, weil der Empfänger selbst für eine dauerhafte Konservierung der ihm übermittelten Grüße sorgen muß. Grüße auf dem preiswerten Thermofaxpapier verschwinden nämlich relativ schnell.

Auch bei E-Mails und SMSes muß man sich als Empfänger um Konservierung der Grüße selbst kümmern. Das macht diese flüchtigen Grüße nicht sehr beliebt. Gerade in der Weihnachtszeit werden Faxgeräte zu Grüßen in letzter Minute mißbraucht. Es wird erst einmal abgewartet, ob und von wem man selbst überhaupt Weihnachtsgrüße bekommt. Bekommt man keine, dann schreibt man selbst natürlich auch keine. Und muß man dann doch noch selbst ran, weil der Postbote unerwartet Heiligabend noch einen Weihnachtsgruß eingeworfen hat, dann wird schnell ein Fax gebastelt, das man ja praktischerweise für viele Adressaten verwenden kann. Man braucht nur die Anrede auszutauschen.

Seitdem ich vor einigen Jahren merkte, daß sich bei Freunden, Verwandten und Bekannten immer mehr die Überzeugung durchsetzte, daß ich mir ein Faxgerät nur deshalb angeschafft hatte, um ihnen Gelegenheit zu geben, mir nach Erhalt meiner auf dem normalen Postwege versandten Weihnachtsgrüße am Abend des heiligen Abends noch schnell ihren Dank für meine Grüße zu übermitteln und diese 'auf das allerherzlichste' zu erwidern, habe ich mein Faxgerät über die Feiertage ganz einfach abgeschaltet. Das brachte mir unter anderem den Vorwurf meiner Schwester ein, sie hätte tagelang versucht, mir ein Fax zu schicken. Aber offenbar sei mein Faxgerät nicht in Betrieb gewesen, so daß ich ihre Weihnachtsgrüße nicht bekommen konnte. Es war rührend anzuhören, wie oft sie meine Faxnummer anwählen mußte, und das dann auch noch vergeblich, damit ich ihre Grüße rechtzeitig zum Fest erhielt.

Für diese Bemühungen habe ich ihr alles verziehen und sie wieder richtig lieb gehabt. Sie hätte es sich ja auch einfach und bequem machen können: Vor ihrem Haus steht ein Postbriefkasten. Wenn sie das Original dessen, was sie mir als Fax zugedacht hatte, in einen Umschlag und in diesen Postbriefkasten geworfen hätte ... Jedenfalls bin ich an hohen Fest- und Feiertagen per Fax für niemanden mehr erreichbar.

Ich habe mir auch abgewöhnt, Weihnachten und vor allem auch meinen Geburtstag am Telefon zu verbringen, meine Gäste warten und mein Essen kalt werden zu lassen, weil ein paar Schreibfaule mir 'lieber persönlich' am Telefon gratulieren möchten. Bei einem einzigen Anrufer wäre das sicher kein Problem, aber bei zwanzig und mehr bleibt einem nicht mehr viel von seinem Ehrentag. Ich habe auch noch ausgerechnet Silvester Geburtstag, und das war für viele, die ich zu Weihnachten mit Grüßen und Geschenken bedacht hatte, die Gelegenheit, mir zu gratulieren und sich gleichzeitig 'ganz herzlich' für das schöne Weihnachtsgeschenk zu bedanken. „Ich schreibe dann nicht mehr, wir haben uns jetzt ja nun erst mal wieder alles gesagt."

Auch mein Anrufbeantworter bleibt an diesen Tagen ausgeschaltet. Ich habe ihn nicht für 'die Grüße in letzter Minute' von Schreibfaulen angeschafft.

Ich bin ein bißchen zu eigenem Erleben abgeschweift, aber vielleicht erkennen Sie sich wieder und kommen zu den gleichen Schlüssen und Entschlüssen wie ich.

Zurück zu den Urlaubsgrüßen: Außer den Möglichkeiten ihrer elektronischen Versendung können Sie sich auch der ganz altmodischen Möglichkeiten bedienen, der Post- und Ansichtskarten. Wenn Sie etwas mehr zu schreiben haben, dann  kaufen Sie am besten in der nächsten Postagentur gleich einige Bögen Briefmarken und dazu einige

Zehnerblocks blanko Postkarten. Das ist am preiswertesten. Ihre Ansicht über Ihren Urlaub, über Unterkunft, Wetter, Verpflegung können Sie dann selbst ausführlich formulieren. Damit haben Sie Ihre ganz persönliche Ansichtskarte geschaffen.

Sie können auch fertige Ansichtskarten kaufen. Das sind Karten mit Fotos von Sonnenauf- und -untergängen, Fischerbooten, Mühlen, Menschen und Seehunden, Landschaften und Meer auf der Vorderseite. Wenn Sie Glück haben, finden Sie Ihre Ferienunterkunft auf dem Foto. Markieren Sie die Unterkunft deutlich mit Kugelschreiber und schreiben Sie dazu: 'Hier wohnen wir!' Sie können das auch mit einer fremden Unterkunft tun, wenn Ihnen die eigene nicht feudal genug erscheint, den Empfänger neidisch zu machen.

Suchen Sie für jeden Adressaten, den Sie anschreiben wollen, die Karte mit dem Motiv heraus, das am besten zu ihm paßt und das am ehesten seinen Neid auf Sie und Ihren Urlaub erweckt.

Auf die Rückseite schreiben Sie in möglichst großer Schrift Ihren Dank für die Grüße vom vergangenen Jahr, die Sie auf das herzlichste erwidern. Dann äußern Sie noch langatmig Ihr Bedauern darüber, daß auf diesen Ansichtskarten leider immer nur so wenig Platz zum Schreiben ist. Sie würden sonst noch viel mehr geschrieben haben. Enden Sie mit dem Versprechen 'Bald mehr ...', Gruß und Unterschrift. Erledigt.

Noch einfacher geht es mit Ansichtskarten, auf denen verschiedene Ansichten zu Wetter, Essen, Trinken und Unterkunft bereits vorgegeben sind, so daß Sie nur noch anzukreuzen brauchen, was Ihrer eigenen Ansicht dazu am nächsten kommt.

Bevor Sie aber daran gehen, tatsächlich Zeit und Geld für irgendwelche Urlaubsgrüße an irgendwelche Leute zu verschwenden, gehen Sie in Ihrem Adreßbüchlein erst einmal Namen für Namen durch und prüfen Sie gründlich, wer überhaupt einen Urlaubsgruß bekommen soll. Oma und Opa mit den Kindern brauchen Sie nicht zu schreiben. Mit denen telefonieren Sie ja schon jeden Tag. Müllers von nebenan wissen, daß Sie in Urlaub sind und wo und in der Firma interessiert sich eigentlich auch kaum jemand ernsthaft für Ihren Urlaub.

Tja, und dann sind da noch diejenigen, zu denen Sie eigentlich gar keinen rechten Kontakt haben, die Sie nie anrufen, Ihnen nie schreiben, auch nicht zu Fest- und Feiertagen, die Ihnen aber von jedem eigenen Urlaubsort eine Karte schicken, auf der Sie immer wieder lesen können, daß das Wetter ganz toll ist, Unterkunft und Verpflegung erstklassig, obwohl Sie das eigentlich längst wissen. Die wollen eigentlich nur damit angeben, daß sie am Wochenende mal eben nach Mallorca gejettet sind, nach London zum Shoppen, nach Paris ins Moulin Rouge oder auch nur mal eben in die eine Stunde entfernte Eifel, weil sie es zu Hause nicht mehr ausgehalten haben.

Machen Sie nun endlich, was Sie schon immer machen wollten: Streichen Sie diese Bekanntschaften aus Ihrem Adreßbüchlein. Leute, die ein derart wenig einladendes Zuhause haben, daß sie es in demselben selbst nicht aushalten und ständig aus ihm fliehen müssen, sind für Sie als Ostfrieslandurlauber sowieso nicht interessant. Und wer Ihnen übers Jahr nur mitzuteilen hat, an welchem Urlaubsort ihm gerade die Sonne scheint und wie ihm dort das Essen schmeckt und wie viele Biere er dort trinkt, der hat Ihnen eigentlich nichts zu sagen, auch dann nicht, wenn er das Gleiche mehrmals im Jahr von verschiedenen Orten aus schreibt.

Sparen Sie sich also Zeit und Geld für Ansichtskarten und Porto für Urlaubsschreiber und gehen Sie statt dessen mit Ihrer Urlaubsbegleitung lieber nett essen. Sie entgehen damit auch noch der Gefahr, Urlaubskarten und Briefmarken völlig umsonst gekauft zu haben. Meistens schiebt man die leidige Arbeit des Schreibens ja sowieso bis zum Urlaubsende vor sich her. Und ehe man sich versieht, hat man die Chance vertan, die Karten noch rechtzeitig in den Briefkasten zu werfen und ist schon aus dem Urlaub zurück, bevor die Ansichtskarten angekommen sind. Zu peinlich. Es ist sowieso vernünftiger, wenn Sie denjenigen, denen zu schreiben Sie sich zu Urlaubsbeginn vorgenommen hatten, zu Hause alles über Ihren Urlaub erzählen. Die haben dann viel mehr davon als von einem Kärtchen.

Und so findet nach Ihrem Urlaub dann etwa folgendes Gespräch statt: „Tag, Günter, lange nicht gesehen." „Ja, ich war in Urlaub." „Ach, wo warst Du denn?" „In Ostfriesland." „Wie war es denn?" „Ganz toll." „Prima, das mußt Du mir bei Gelegenheit unbedingt mal ausführlich erzählen." „Mach ich." „Du, ich muß ..., man sieht sich." „Ja, tschüs." „Tschüs."

Sie wissen schon aus Erfahrung: Man sieht sich sowieso nicht. Und wenn, dann wird über Ihren Urlaub auch nicht geredet. Bestenfalls werden Sie zum Diaabend eingeladen und dürfen sich die Urlaubserlebnisse anderer anhören. Und deshalb sind Sie nun doch ganz glücklich und zufrieden, daß Sie Ihrem Gesprächspartner erstmals keine Karte aus dem Urlaub geschickt haben. Es geht auch ohne, und Sie werden das in Zukunft immer so halten.

Mücken
Lernen Sie die unterschiedlichen Geschlechter kennen

Dem Großstädter sind Mücken zumeist nur als Zahlungsmittel bekannt. In Ostfriesland aber wird er echte Mücken in ihrer ganzen Arten- und Formenvielfalt live und hautnah erleben. Er wird sehr schnell die Erfahrung machen, daß Mücken auch kleine, possierliche Tierchen sind, die nichts anderes im Sinn haben, als ihm trotz all seiner Mücken den Urlaub zu vermiesen und ihn auszusaugen.

Mücken gibt es in 31 Familien mit über 30.000 Arten. Einige verbringen den größten Teil ihres Lebens in der Erde, andere im Wasser, wo sie verschiedene Entwicklungsstadien durchmachen, bevor sie schließlich den Fluten entsteigen und schnurstracks dorthin fliegen, wo es Blut zu saugen gibt.

Uns soll von den vielen Arten hier nur eine interessieren: die gemeine Stechmücke (mucka dracularis).

Wo es Wasser gibt, da sind die Stechmücken heimisch. Ostfriesland ist ein Wasserparadies mit seinen vielen Entwässerungsgräben, Sielen, Seen, Baggerlöchern und Teichen. Hier fühlen sich die Stechmücken wohl.

Die Zahl der Mücken hielt sich in Ostfriesland in früheren Zeiten in erträglichen Grenzen. Erst das überreichliche Nahrungsangebot in Form von Touristen hat zu

mucka dracularis ♂
natürliche Größe

ihrer enormen Ausbreitung geführt.

Stechmücken verbringen die meiste Zeit ihres Lebens im Wasser. Dort legt die Stechmücke ihre Eier ab, aus denen sich die Mückenlarven entwickeln, die jeder Aquarianer kennt, weil er sie zur Versorgung seiner Fische benötigt.

Mückenlarven dienen aber auch den in freien Gewässern lebenden Fischen als Nahrung und noch einer Vielzahl anderer Wassertiere wie Gelbrandkäfern, Libellenlarven, Kaulquappen und sonstigem Getier. [8] Mücken sind also auch ein wichtiges Glied unserer Nahrungskette und stehen deshalb, wie auch die Fliegen, unter Naturschutz. Man darf sie nicht töten, sondern nur abwehren und vertreiben. Dazu bedient man sich chemischer Flüssigkeiten, mit denen man seine Haut einreibt, oder aber eines Moskitonetzes.

Flüssigkeiten als Schutz vor Stechmücken bekommen Sie in jeder Drogerie oder Apotheke, auch gut geführte Supermärkte bieten sie an. Sie wirken tatsächlich.

Bequemer ist allerdings ein Moskitonetz, das Sie in jedem Baumarkt für schlappe 199,98 Euro bekommen. Im Preis enthalten sind ein Dübel und ein Schraubhaken für die Befestigung des Netzes an der Decke über Ihrem Bett, enthalten ist auch die für die Dübellochbohrung erforderliche Schlagbohrmaschine samt einem Steinbohrer.

Derart ausgerüstet sind Sie vor den kleinen Draculas ganz gut geschützt und können sich in Ostfriesland wie ein Tropenforscher im tiefsten Afrika fühlen.

Abzulehnen sind elektronische Mückenscheuchen, die einem durch Erzeugen von Ultraschalltönen die Mücken im Umkreis von zwei Metern vom Halse und anderen Körperteilen halten sollen. Wie beim Menschen, gibt es nämlich auch unter den Stechmücken viele Schwerhörige.

Stechmücken leben in ihrer flugfähigen Form nur kurze Zeit, meistens nur ein bis zwei Tage. In dieser kurzen Zeit müssen sie kopulieren und sich einen Wanst

---

[8] Siehe auch 'V. ut Westerend's Mückenbrevier' in 38 Bänden, das im gepflegten Buchhandel erhältlich ist

anfressen, um die für die Arterhaltung notwendigen Eier zu entwickeln, die sie im Wasser ablegen wollen. Die männlichen Stechmücken sterben ziemlich bald nach der Kopulation ab. Alles hierfür Nötige bringen sie aus dem Wasser mit. Sie stechen deshalb nicht, und Sie brauchen sich vor ihnen nicht zu fürchten.

Wegen ihrer kurzen Lebensdauer an Land sind die Stechmücken rund um die Uhr aktiv. Sie saugen deshalb Tag und Nacht, wo immer es Blut zu saugen gibt. Sie stechen also immer dort, wo Ihr Moskitonetz gerade nicht greifbar ist.

Allerdings überfallen Stechmücken ihre Opfer nicht hinterlistig. Sie kündigen sich durch einen singenden Ton an, der Ihnen aus Angst vor dem Kommenden das Mark in den Knochen gefrieren läßt. Versuchen Sie, die Mücke durch lautes Zurufen zu verscheuchen.

Wenn Sie das Sirren der Mücke überhört haben sollten, dann gibt die Mücke Ihnen auf Ihrer Haut noch ein weiteres Zeichen für ihre Ankunft. Sie piekt.

Lassen Sie sie gewähren. Sie folgt nur ihrem Arterhaltungstrieb, den Sie durch bloßes Stillhalten unterstützen können.

Schon nach etwa zehn Minuten ist alles überstanden, die Mücke fliegt schon wieder Richtung Wasser und macht einer anderen Mücke Platz. Wenn Sie die Quaddeln nicht aufkratzen, dann sieht man schon nach vier Wochen nichts mehr von dem Mückenstich. Es ist also alles halb so schlimm.

In Ihrer Unterkunft sollten Sie darauf verzichten, Jagd auf die Mücken zu machen, auch, wenn Sie dort unbeobachtet sind. Hausschuh, Zeitung, zweckentfremdete Fliegenklatsche sind zwar geeignete Waffen im Kampf gegen die Mücken, aber Ihr unzulässiger Kampf gegen die kleinen Blutsauger bleibt nicht ohne Spuren. Die vielen Blutspuren an der Tapete verraten Sie. Lassen Sie's also lieber. Hundert andere Mücken würden fürchterliche Blutrache an Ihnen nehmen, und Ihr Vermieter würde Ihnen einen Neuanstrich Ihrer Unterkunft berechnen.

Völlig abzulehnen sind chemische Waffen im Kampf gegen die Mücken. Sie wurden geschaffen, um Leben zu töten. Es könnte auch das Ihre sein. Wenn es Sie aber gelegentlich oder regelmäßig nach Alkohol gelüstet, dann können Sie sich diesen Umstand zunutze machen. Tanken Sie auf, bis Sie so etwa 3,5 Promille Alkohol im Blut haben (nicht umgekehrt). Wenn sich dann eine Mücke bei Ihnen voll gesaugt hat, dann ist sie total benebelt und fluguntauglich. Schon unmittelbar nach dem Start von Ihrer Haut wird sie abschmieren und eine Notlandung auf dem Boden machen. In dieser Situation können Sie nun mit einem gezielten Tritt auf den Quälgeist Blutrache üben.

Was sonst noch bleibt, das sind allein vorbeugende Maßnahmen, die vor allem darin bestehen, daß Sie den Mücken Gelegenheit geben, Ihre Unterkunft zu verlassen. Das tun sie ganz sicher, nachdem sie festgestellt haben, daß es bei Ihnen nichts zu holen gibt, weil Sie z. B. über ein Moskitonetz verfügen. Öffnen Sie dazu alle Fenster und machen Sie das Licht an, damit die Mücken besser hinausfinden. Schon bald werden Sie feststellen können, wie zuverlässig diese Methode wirkt. Sie brauchen nur die paar Mücken abzuwehren, die – aus der Dunkelheit kommend – diese Gelegenheit nutzen wollen, Ihnen einen kurzen Besuch abzustatten.

Wie oben bereits ausgeführt, haben Sie von den männlichen Stechmücken nichts zu befürchten. Sie stechen nicht.

Wie aber kann man weibliche von männlichen Stechmücken unterscheiden? Ganz einfach: Weibliche Stechmücken stechen.

mucka dracularis ♀
natürliche Größe

Windkraftanlagen
Wind nach Wunsch

Windkraftanlagen, fälschlich auch Windmühlen genannt, sind die Wahrzeichen Ostfrieslands schlechthin. Nirgendwo auf der Welt bekommt man mehr Windkraftanlagen zu sehen als in Ostfriesland.

Windkraftanlagen sind bis über 100 Meter hohe, röhrenförmige Türme aus Stahl, an deren oberem Ende ein riesiger Ventilator befestigt ist, der einen Generator antreibt. Wird dieser Generator angetrieben, was bei Wind stets die Regel ist, dann entsteht elektrische Energie, volkstümlich auch Strom genannt.

Der Antrieb von Ventilator und Generator setzt voraus, daß es draußen wenigstens ein bißchen windig ist. Aber das ist in Ostfriesland sowieso meistens der Fall.

Ganz oben auf dem Gehäuse, in dem sich der Generator befindet, ist ein Windprüfgerät montiert. Dieses Gerät prüft ständig, ob es überhaupt windig ist. Ist das der Fall, dann gibt es dem Ventilator den Befehl, sich zu drehen und mit seiner Arbeit zu beginnen.

Das Windprüfgerät ist ein sogenanntes Schalenkreuzmanometer[9], amtlich auch 'Anemometer'[10]. genannt. Das sind drei oder vier aneinandergeschweißte, große Eiskugelformer, wie man sie in früheren Zeiten in Eisdielen und Eiscafes verwendete, um damit das Vanille- oder Erdbeereis zu großen Eiskugeln zu formen und in Eistüten oder -becher einzu-

---

[9] von (frz.) Manon (Lescaut) – Opern von Massenet u. (Puccini)
[10] von (grch.) Anemone = Buschwindröschen

96

füllen. Auch für Schokoladeneis wurden sie eingesetzt.

Der ständig zunehmende Touristenstrom nach Ostfriesland brachte es mit sich, daß längst nicht mehr alle Touristen in gebührendem Maße mit Eiscreme versorgt werden konnten, wenn die großen Eiskugeln weiterhin beibehalten wurden. In dieser Not zeigten die Ostfriesen wieder einmal ihren großen Ideenreichtum. Sie verkauften ihre großen Eiskugelformer an die Hersteller der Windkraftanlagen und bastelten sich Eiskugelformer, die so klein waren, daß aus einer großen Eiskugel gleich drei kleine gemacht werden konnten. Damit war sichergestellt, daß garantiert auch der letzte Tourist zu seinem Eis kommen würde.

Zum Ausgleich vergrößerte der Ostfriese schließlich auch noch Eistüten und -becher, um dem Touristen das wohltuende Gefühl zu geben, es jetzt sogar mit einer noch größeren Eisportion zu tun zu haben als früher.

Es bedarf keiner langen Erklärung, daß das Füllen einer Eistüte oder eines Eisbechers mit kleinen Eiskugeln sehr viel arbeitsintensiver und kostenträchtiger ist als das Füllen mit dreimal größeren Eiskugeln. Was früher in nur einem Arbeitsgang erledigt werden konnte, das muß heute in drei Arbeitsgängen erledigt werden.

Die Ostfriesen haben den durch die Umstellung von großen auf kleine Eiskugeln entstandenen Mehraufwand nicht schamlos auch gleich zu einer Preiserhöhung genutzt. Vielmehr haben sie ihre Preise für eine Eiskugel gehalten. Und so kostet eine kleine Eiskugel heute auch nicht mehr als eine frühere große.

Nach diesem kurzen Schwenk ins Eis zurück zu den Schalenkreuzen: An diesen kleinen Schalenkreuzen befindet sich ebenfalls ein Generator, wenn auch nur ein sehr kleiner. Der erzeugt den Strom, den er braucht, um dem großen Ventilator den Befehl zu geben, sich zu drehen.

Der tut das dann auch unermüdlich Tag und Nacht von etwa Windstärke zwei an bis etwa Windstärke acht und versorgt dabei mit seinen vielen Genossen ganz Ostfriesland und die halbe Bundesrepublik mit Strom. Das alles zum Nulltarif; denn der Wind kommt ja gratis.

So könnte sich denn ganz Ostfriesland über kostenlosen Strom freuen, hätten die Windkraftanlagen nicht auch noch eine andere äußerst wichtige Funktion zu erfüllen, die den Vorteil kostenlosen Stroms wieder zunichte macht:

Wer im Physikunterricht aufgepaßt hat, der weiß, daß ein Generator, wenn man eine Spannung an ihn anlegt, auch ein Motor ist, den man zum Beispiel zum Antrieb von Ventilatoren benutzen kann. Und genau das wird in Ostfriesland gemacht.

Während in den Herbst-, Winter- und Frühjahrsmonaten kaum mal mit einer Flaute, mit Windstille also, zu rechnen ist, läßt sich eine solche in den Sommermonaten nicht immer ganz vermeiden. Flaute wäre für Ostfriesland eine Katastrophe; denn sie würde bedeuten, daß die vielen Surfer, Segler und Drachenlenker ihren Urlaub andernorts verbringen, nur nicht in Ostfriesland.

Wenn der Wetterbericht im Sommer also einmal Windstille ankündigt, dann kehren die Ostfriesen die stromerzeugende Funktion ihrer Windkraftanlagen einfach um und setzen sie als besonderen Service an ihren Touristen als gewaltige Ventilatoren ein.

Dieser Service geht so weit, daß Surfer, Segler und Drachenlenker ihren voraussichtlichen Windbedarf und die gewünschte Windstärke vorbestellen können. Natürlich kann dabei nicht jeder individuelle

Wunsch berücksichtigt werden, wie Sie sich denken können. Aber mit einer mittleren Windstärke von drei bis vier Beaufort, wie sie von EWE garantiert wird und die hier auch auf natürliche Weise regelmäßig anzutreffen ist, kann fast jeder Surfer, Segler und Drachenlenker herrlich zurechtkommen. Man muß ja auch ein bißchen Rücksicht auf diejenigen nehmen, die am Strand im Sand liegen und nicht zu 'panierten Schnitzeln' oder Wanderdünen werden wollen.
Sonderwünsche von größeren Gruppen, z. B. für Drachenwettbewerbe oder Regatten, sind zweckmäßigerweise etwa drei Wochen vor dem gewünschten Termin unmittelbar an die dafür zuständige Firma EWE AG in Norden[11] oder aber an alle Fremdenverkehrsämter zu richten.
EWE sorgt aber nicht nur für Elektrizität und Wind. Bei Regen, der länger als eine Woche andauert und bis zu dieser Dauer von der Landwirtschaft gerade in den Sommermonaten gebraucht wird, sorgt EWE mit seinen Riesenventilatoren wieder für blauen Himmel und pustet die Regenwolken einfach weg. Kürzere Regenperioden muß man im Interesse der Landwirtschaft aber in Kauf nehmen. Sie sind auch deshalb notwendig, damit Sie hier immer mit frischem und ökologisch angebautem Gemüse und ebensolchen Früchten versorgt werden können. Ganz ohne Wasser von oben geht es also auch hier nicht, und Sie werden sich über einen Tag Ruhe, an dem Sie Ihren Sonnenbrand pflegen und einen Stadtbummel machen können, ganz sicher auch freuen. -
Die Hauptaufgabe der Ventilatoren besteht aber darin, Ostfriesland vor Stürmen und Sturmfluten zu schützen, weil die Deiche von den Touristen im Sommer immer wieder derart in Mitleidenschaft ge-

---

[11] EWE AG = Elektrizitäts- und Wind-Energie Aktiengesellschaft, Am Markt 24, 26506 Norden, ☎04931-1820

zogen werden, daß ein hundertprozentiger Schutz vor einer Sturmflut durch die Deiche allein nicht gewährleistet werden kann. Wenn sich also die Herbst-, Winter und Frühjahrsstürme über Ostfriesland ankündigen, dann stehen bei den Ventilatoren alle Zeichen auf Sturm. Ab acht Beaufort wird zurückgeblasen, und zwar mit mindestens neun Beaufort, weil es sonst zu einer Flaute käme. Zweimal acht Beaufort würden sich nämlich beim Zusammenprall gegenseitig aufheben. Problemlos können die Ventilatoren auch zwölf und mehr Windstärken auf der nach oben offenen Richterskala erzeugen.

Die Ostfriesen können durch den von den Ventilatoren erzeugten Gegenwind zwar immer noch erheblich geschädigt werden, sie können aber mit dem beruhigenden Gefühl schlafen gehen, daß sie auch bei im Erdgeschoß gelegenem Schlafzimmer eine trockene Nacht haben werden. Die Ventilatoren halten das Wasser brav zurück.

Und so hat es glücklicherweise seit der schweren Sturmflut des Jahres 1962 in Ostfriesland keine vergleichbare Sturmflut mehr gegeben. Die war nämlich viel verheerender als die devisenbringende Touristenflut, die jedes Jahr über Ostfriesland hereinbricht. Rasmus[12] sei Dank!

---

[12] Kosename für Erasmus = Schutzpatron der Seeleute, der bei hohem Wellengang das Waschen der Schiffsdecks übernimmt

Diäten
Im Urlaub schmeckt's am besten

 Falls Sie sich beim letzten Jahreswechsel vorgenommen hatten, in Ihrem Ostfriesland-Urlaub endlich mal richtig abzuspecken, dann vergessen Sie Ihre diesbezüglichen Vorsätze möglichst schnell. Geben Sie sie nicht auf, aber verschieben Sie sie bis nach Ihrem Urlaub. Ostfriesland bietet so viele Spezialitäten und Köstlichkeiten, daß Sie sich nicht unnötig quälen sollten. Am Ende werden Sie sowieso nicht widerstehen können. Denken Sie doch nur einmal an die Möglichkeit, sich an Fisch, wie Sie ihn frischer nirgends bekommen können, in Dutzenden von Arten und Zubereitungs-Variationen so richtig rundum satt essen zu können. Wenn Sie an Ihre Fischbratküche daheim denken, bei der Ihnen der Fischgeruch schon von weitem Appetit machen soll, dann werden Sie feststellen, daß diese Ihnen vertrauten Gerüche hier völlig fehlen. Frischer Fisch duftet. Er schmeckt nach Fisch, aber er riecht nicht danach.

Wenn Sie am Ende Ihres Urlaubs Ihre alten Pfunde dann doch wieder mit nach Hause nehmen und vielleicht noch ein paar zusätzliche, dann specken Sie zu Hause ab.

Als Geheimtip verrate ich Ihnen die Abspeckmethode der Ostfriesen: absolute Trennkost.

Konsequent angewendet verlieren Sie mit Hilfe dieser Methode tatsächlich innerhalb einer Woche mindestens fünf Kilo.

Konsequent heißt, daß Sie sich auch wirklich von Ihrer Kost trennen müssen. Nur dann klappt's. Probieren Sie es einfach mal aus.

In Ermangelung einer Waage in Ihrer Ferien-Unterkunft ist die beste, radikalste und sicherste Urlaubs-Diät aber immer noch die FdH-Methode, also nur noch halbe Hühner, halbe Schweine, halbe Liter.

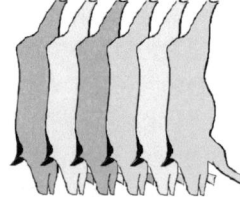 

(Fr)essen Sie auch sonst von allem, was Sie zu sich nehmen, wirklich nur noch die Hälfte, Sie, lieber Herr Tourist die eine, Ihre Gattin die andere. Sie werden beim Essen stets ein gutes Gewissen haben, weil Sie ja nur noch die Hälfte essen. Und deshalb brauchen Sie auch nicht alles Eßbare aus Ihrem Gesichtsfeld verschwinden zu lassen, wie häufig bei Diäten gefordert.

Abnehmen können Sie dann immer noch zu Hause.

Jever Pils
Jeder will's

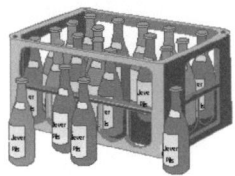

Jever Pils ist Ihnen sicher aus der Werbung bekannt. Es gibt kein besseres ostfriesisches Pils, weil es hier neben ein paar Privatbrauereien nur die Jever-Brauerei gibt. Jever-Pils enthält eine Spur mehr Hopfen als andere Pilsarten und schmeckt deshalb eine Spur herber, so richtig zum ostfriesischen Klima, seinem Land und seinen Leuten passend. Ostfriesisch herb also.

Falls Sie noch nie ein Jever-Pils getrunken haben, hier können Sie's nicht nur, hier müssen Sie's. Sie werden davon nicht mehr loskommen.

Sie müssen hier deshalb Jever-Pils trinken, weil eine Fischmahlzeit ohne Jever-Pils keine ostfriesische Fischmahlzeit ist. Trinken Sie reichlich davon; denn Fisch will schwimmen.

Jever-Pils schmeckt aber auch vorzüglich zu den fleischlichen Genüssen Ostfrieslands. Auch hier sollten Sie Ihren Konsum an Jever-Pils nicht zu knapp bemessen, es sei denn, Sie denken dabei an etwas anderes als ans Essen.

Bedenken Sie: Sich nur halb zu besaufen ist nun wirklich weggeworfenes Geld.

Rauchen
Lieber nichts zu essen als nichts zu rauchen?

Wenn Sie Nichtraucher sind, dann sollten Sie dieses Kapitel trotzdem lesen, weil es in Ihnen ein bißchen Verständnis für Ihren noch immer rauchenden Partner erzeugen könnte.

Wenn Sie Raucher sind, dann haben Sie auf Ersuchen Ihres Partners sicher schon mehrmals den guten Vorsatz gefaßt, das Rauchen endlich aufzugeben. Natürlich haben Sie es nicht geschafft, weil Ihnen die rechte Motivation dazu fehlte, weil Sie ständig unter Streß standen, weil Sie sich gesund genug fühlten, weiter zu rauchen und dergleichen mehr.

Obwohl auch Sie sicherlich ein paar Leutchen kennen, die nachweislich durch das Rauchen viel zu früh dahingeschieden sind, haben Sie sich mit dem Gedanken getröstet, daß schon die alten Römer samt und sonders Nichtraucher waren und dennoch alle gestorben sind.

Trotz allem haben Sie vielleicht den Entschluß gefaßt, jetzt endlich Ihren Urlaub dazu zu nutzen, endgültig Schluß zu machen mit der Qualmerei. Die Ruhe Ihres Urlaubs würde Ihnen die Kraft dazu geben.

Mein Rat: Lassen Sie's. In der Ruhe Ihres Urlaubs und in frischer Nordseeluft wird Ihnen Ihr Pfeifchen so gut schmecken wie nie zuvor. Das ist doch etwas ganz anderes als die Pafferei zu Hause und im Büro, in dem Sie als einer der letzten Raucher von allen Seiten nur angefeindet werden. Erholen Sie sich von diesem Streß! Rauchen Sie!

Verderben Sie sich und Ihrer Familie nicht den ganzen Urlaub mit Ihren Entzugserscheinungen. Verzichten Sie im Urlaub nicht auf die Zigarette danach. Dazu ist so ein Urlaub viel zu schade und auch viel zu teuer. Genießen Sie Ihr Zigarettchen und verschieben Sie Ihren Versuch, das Rauchen aufzugeben, auf Ihren nächsten Urlaub. Ohne Vorbereitung wird es sowieso nichts mit der Abstinenz.

Das Nichtrauchen muß man ebenso erlernen, wie man auch das Rauchen erst erlernen mußte. Das geht nicht von heute auf morgen. Ändern Sie deshalb zunächst einmal Ihre Rauchgewohnheiten.

Rauchen Sie nicht mehr im Auto. Ihre Familie wird es Ihnen danken. Rauchen Sie nicht mehr im Büro. Ihre Kollegen werden es Ihnen danken. Rauchen Sie nicht mehr in Ihrer Wohnung, sondern grundsätzlich nur noch auf dem Balkon oder auf der Terrasse. Bei Regen warten Sie mit dem Rauchen so lange, bis es aufgehört hat zu regnen.

Greifen Sie nicht mehr erst zur Zigarette und dann zum Telefonhörer. Machen Sie's umgekehrt und das eine Stunde später.

Rauchen Sie nicht mehr unmittelbar nach dem Essen. Tun Sie auch das eine Stunde später oder noch mehr.

Analysieren Sie sorgfältig alle Gelegenheiten, zu denen Sie automatisch zur Zigarette gegriffen haben und wenn ein solcher Augenblick mal wieder da ist, warten Sie eine Stunde mit dem gewohnten Griff. Stellen Sie Ihre Qualmautomatik vollständig auf den Kopf.

Notieren Sie jede Zigarette, die Sie rauchen wollen, und zwar vor dem Anzünden. Überlegen Sie dabei, ob es mit dem Anzünden nicht noch ein Stündchen Zeit hat.

Notieren Sie alle Zigaretten, die bisher sinnlos auf dem Rande Ihres Aschers verqualmt sind und lassen Sie sie künftig weg. Sie haben sowieso nichts davon.

Schon nach ein paar Tagen werden Sie feststellen, daß Sie deutlich weniger rauchen. Bis zu Ihrem nächsten Urlaub sind Sie dann vielleicht nur noch bei fünf Zigaretten pro Tag, oder bei drei oder zwei. Vielleicht gehen Sie sogar schon rauchfrei in den Urlaub.

Wenn Sie auf diese Weise Ihre Rauchgewohnheiten vollends durcheinandergebracht haben und am Ende nun wirklich nicht mehr wissen, wann eigentlich Sie überhaupt noch rauchen sollten, dann ist damit auch schon Ihre Frage nach dem 'Warum' beantwortet.

Sollte es dennoch wieder einmal mehr nicht klappen mit der Nichtraucherei, dann trösten Sie sich mit einem Gedanken an Mark Twain, der da meinte, das Rauchen aufzugeben sei gar nicht so schwer. Er habe es allein dreiunddreißigmal gemacht.

Das ist auch meine eigene Erfahrung.

Aber schließlich hat's mit obiger Methode auch bei mir geklappt, ohne daß mein Arzt es mir verboten hätte und ohne daß eine Krankheit mich vor die Entscheidung gestellt hätte: Zigarette oder Ende.

Butterfahrten
Alles in Butter

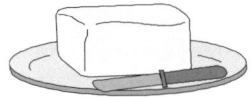 Ostfriesland ist bekanntlich ein Agrarland, in dem überwiegend Viehzucht betrieben wird. Da konnte es nicht ausbleiben, daß die Ostfriesen mehr Butter produzierten als sie selbst verbrauchen konnten. Das mußte sich zwangsläufig auf die Butterpreise auswirken. Und so kam es, daß ein großstädtischer Bauer für die paar Pfund Butter, die seine drei Kühe im Jahr lieferten, verhältnismäßig viel mehr Geld bekam als der ostfriesische Landwirt für die Tonnen an Butter, die er mit seinen fünfhundert Kühen produzierte.

Ein guter Bauer klagt gern und nimmt auch schon mal an einer Demo teil. Das taten auch die ostfriesischen Bauern. Sie fuhren mit ihren Traktoren damals noch nach Bonn und auch nach Brüssel und demonstrierten und demonstrierten.

Sie hatten Erfolg damit. Der Staat kaufte sämtliche Butter auf, zahlte jedem Bauern den gleichen Preis und häufte die Butter dann ziemlich lange zu Butterbergen an, damit sie richtig schön teuer wurde. Wenn die Butterberge zu hoch geworden waren, dann verkaufte der Staat ab und zu mal ein paar Pfund zu etwas günstigerem Preis an die notleidende deutsche Bevölkerung. Der größte Teil der Butter aber wurde an Rußland verschenkt, damit die Russen ihre Panzer damit abschmieren konnten. Denn wer gut schmert, der gut fährt.

Leider hatten die Ostfriesen sich mit ihren Butter-Demos ein Eigentor geschossen. Zwar bekamen sie nun mehr für ihre Butter, aber die Bevölkerung mußte nun auch selbst mehr für die eigentlich im Überfluß vorhandene Butter bezahlen.

Not macht erfinderisch, und so kam ein findiger ostfriesischer Reeder auf die Idee, eins seiner Schiffe mit

Butter zu beladen und die Ostfriesen zu einer Kaffeefahrt mit
seinem Schiff einzuladen. Bei
Musik, Kaffee und Kuchen und
auch mal einem Gläschen Hochprozentigem fuhr
man dann hinaus aufs offene Meer und raus aus den
Hoheitsgewässern Deutschlands. Das waren nur drei
Seemeilen, und die hatte man schon in einer Viertel-
stunde abgerissen.

War man nun außerhalb der Dreimeilenzone, dann
verwandelte sich das Schiff plötzlich in so eine Art
Supermarkt. Und in diesem Supermarkt war nun plötzlich alles viel preiswerter als an Land. Hatte die Reederei etwa was zu verschenken?

Natürlich nicht, aber sie machte sich den Umstand
zunutze, daß unser Staat außerhalb unserer Hoheits-
gewässer keine Zölle oder Steuern kassieren kann.
Und um diese Abgaben nun war das Angebot im
Supermarkt günstiger als an Land. Weil nun jeder
Bundesbürger bestimmte Mengen an Waren auch
zollfrei einführen darf, wenn er in die deutschen Ho-
heitsgewässer heimkehrte, konnte er einiges sparen,
wenn er sich außerhalb der deutschen Hoheitsge-
wässer mit dem Notwendigsten eindeckte.

Notwendig war in erster Linie natürlich die Butter, aber selbstverständlich auch Zigaretten und Tabakwaren aller Art, Spirituosen und auch
Parfum. An diesen Waren konnte
man am meisten sparen, weil sie
besonders hoch mit Abgaben belastet waren.

Nach und nach entwickelten sich an allen Küsten
Deutschlands schwimmende Supermärkte, die Bezeichnung 'Butterfahrt' wurde zur gängigen Rede-

wendung. Vielen kleineren Reedereien wurden schwimmende 'Tante-Emma-Läden' zur Existenz, und das deutsche Volk hatte neben dem Vergnügen einer kleinen Seereise auch noch den Vorteil günstiger Einkäufe.

Wenn es Menschen gut geht, dann haben sie auch viele Neider. So erging es auch den Ostfriesen mit ihren Butterfahrten. Neider sorg-
ten dafür, daß die deutschen Hoheitsgebiete auf 12 Seemeilen ausgedehnt wurden. Das  verteuerte die Einkäufe natürlich, weil die Butterschiffe seit dem 01.01.1995 nun 12 Seemeilen aufs offene Meer hinausfahren mußten. Und weil auch das nur geringe Umsatzrückgänge brachte, wurden Butterfahrten im Jahre 2001 gleich ganz verboten. Und damit ist es nun vorbei mit den Butterfahrten.

Die Reederei FRISIA hatte diese Entwicklung schon lange kommen sehen und sich rechtzeitig Gedanken über einen Ersatz für diesen fehlenden Markt gemacht. Und um den Ostfriesen und ihren vielen Badegästen auch weiterhin die Möglichkeit zu abgabenfreien Einkäufen zu bieten, kam man bei FRISIA auf die Idee, sie zum Einkaufen nach Helgoland zu bringen. Diese Möglichkeit bot FRISIA zwar mit ihrem seegehenden Bäderschiff FRISIA X auch schon lange vor dem Verbot der Butterfahrten und wer Zeit für eine längere Seereise hat, der kann mit der ‚Funny Girl' auch heute noch in aller Gemütsruhe nach Helgoland schippern, die Fahrtzeit aber verkürzt die für den Einkauf verbleibende Zeit.

Um dem Rechnung zu tragen, hat die FRISIA schon einige Zeit vor dem Butterfahrten-Verbot ihr Flaggschiff 'CAT No. 1' in Dienst gestellt. CAT steht dabei für Katamaran, also für ein Schiff mit zwei Rümpfen.

Das gibt dem Schiff erstens eine bessere Wasserstraßenlage und zweitens eine wahnsinnige Geschwindigkeit, so daß ein Einkauf auf Helgoland mit dem  CAT trotz längerer Anfahrt kaum länger dauert als ein Einkauf in einem Supermarkt an Land. Das liegt unter anderem daran, daß der CAT mit einer Geschwindigkeit von 75 km/h schneller fährt als es auf ostfriesischen Landstraßen möglich oder erlaubt ist.

Unter Deck könnte man auf Anhieb glauben, sich in einem Flugzeug zu befinden. Dieser Eindruck weicht aber sehr schnell beim Anblick der aufgelockerten Anordnung der Sitzplätze in kleineren Gruppen, bei der jeder Passagier einen eigenen Tisch für sich hat.

Die Brücke des CAT's, der Platz des Kapitäns, aber mutet wirklich an wie das Cockpit eines Jumbo-Jets.

Ein kleiner Nachteil für die mit dem CAT Reisenden ist der, daß man die Reise nicht an der frischen Luft genießen kann, sondern unter Deck bleiben muß. Auf Deck mitzureisen wäre bei der Geschwindigkeit des CAT's aber sowieso kein Vergnügen, weil der Fahrtwind so stark ist wie etwa Winde der Stärken acht bis neun. Die nennt man auch Stürme. Bei diesen Windstärken hat man auch an Land schon größere Schwierigkeiten, ein Bein vor das andere zu setzen.

Auch wer schnell seekrank wird und auf den langsameren Schiffen gewohnt war, Neptun über die Reling hinweg zu opfern, der mag sich damit trösten, daß der CAT einen kaum seekrank werden läßt. Neptun akzeptiert aber auch das unter Deck dargebrachte Opfer.

Der CAT ist mit vier Maschinen ausgerüstet, die insgesamt 12.000 Pferdestärken produzieren. Jens Watt hat sich mit seiner Art der Bezeichnung der von Maschinen erzeugten Kraft in Kilowatt bis heute nicht durchsetzen können, obwohl der Gesetzgeber seit dem 01.01.1995 vorschreibt, die Leistung von Maschinen nur noch in Kilowatt anzugeben. 12.000 PS machen etwas her. Darunter kann man sich noch etwas vorstellen. Was sind dagegen magere 8.826,125 Kilowatt für die gleiche Leistung? Bei den vielen Superlativen des CAT's will die Reederei bei der Leistung natürlich keine Abstriche machen und bedient sich bei der Frage nach der Leistung des CAT's selbstverständlich der 'alten Schreibweise'. PS machen sich ja nun wirklich besser als kW, schon weil die Leistung scheinbar größer ist. Keinen Menschen interessiert die offizielle Leistungsangabe in kW in seinem Kraftfahrzeugschein. Was wirklich zählt, das sind allein PS, weil ein Auto davon mehr hat als von kW. PS bringen auch einen höheren Preis für Autos als lächerliche kW. Und so wird es wohl bis in ewige Zeiten bei PS bleiben, obwohl ich mir nie einen Staubsauger mit einer Leistung von einem PS kaufen würde, wohl aber mit der identischen Leistung von 1,3596 kW.

Der Mensch gibt gern an und neigt dazu, nach den jeweils für ihn günstigeren Werten zu greifen. Und so ist es dem Gesetzgeber bis heute ebenfalls nicht gelungen, die Bezeichnung Kalorie aus unserem Wortschatz zu verdrängen und durch die Bezeichnung Joule zu ersetzen, obwohl er das ebenfalls seit dem 01.01.1995 vorschreibt.

Wir essen nur Kalorien, weil wir damit etwa viermal weniger Energie zu uns nehmen als würden wir Joule essen. Die Energie eines saftigen Steaks in Joule auszudrücken, könnte einem glatt den Appetit verderben.

Anders sieht es beim Abspecken aus. Da verzichten wir großzügig auf die Zufuhr von Joule, verzichten also scheinbar auf etwa viermal so viel Energie wie beim Abnehmen in Kalorien. So bleibt einem dann immer noch die Hoffnung, gerade wegen der hohen Energieeinsparung in Joule doch noch ein paar Kalorien essen zu können und trotzdem abzunehmen. Ähnlich geht es uns mit DM und EURO. Will jemand Geld von uns, dann will er nur ein paar EURO haben. Will uns aber jemand Geld geben, dann vergißt er nicht, uns vorzurechnen, wieviel Geld er uns in DM gegeben hat. Wenn jemand sich von Ihnen 1.000 € leihen möchte und Ihnen anbietet, Ihnen dafür 2.000 DM zurückzuzahlen, dann hört sich das fast wie ein gutes Geschäft an.

Dabei muß ich auch an meine Gasrechnung denken. Früher bezahlte ich ganz einfach die von mir verbrauchten Kubikmeter Gas, das war's. Dann hatte ich mir eine neue Gasheizung anschaffen müssen und sparte mit der tatsächlich 30 % an Gas ein. An der Höhe meiner Gasrechnung änderte sich dadurch nichts. Weil aber nun das Verhältnis der gelieferten Gasmenge zum berechneten Gaspreis immer ungünstiger und ich immer saurer wurde, verfiel mein Gaslieferant auf die Idee, mir mein Gas nicht mehr in Kubikmetern zu liefern, sondern in Kilowattstunden. Statt eines Kubikmeters Gas bekam ich dann 9,437 Kilowattstunden Gas. Das sieht ja nun wirklich nach etwas aus und rechtfertigt natürlich auch die hohen Gaspreise. Aber mehr Gas als früher ist es in Kilowattstunden natürlich nicht.

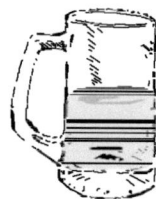 Es kommt wohl immer auf die Betrachtungsweise an. Ist ein Glas nun halb voll oder ist es halb leer? Halb voll wäre unter Umständen positiv, obwohl ich im Re-  staurant ein halb volles Glas Bier sicher zurückgehen

lassen würde. Aber schlimmer noch wäre ein halb leeres Glas.

Diese Betrachtungsweise des Positiven oder Negativen macht auch vor uns Menschen nicht Halt. So ist, wie die Medien immer wieder hoch lobten, Dieter Bohlens Ex-Gespielin Naddel eine Halbsudanesin. Das wertet sie natürlich unheimlich auf. Andererseits aber ist sie nur eine Halbdeutsche. Das wertet sie kolossal ab, und deshalb spricht niemand darüber, weil bei uns alles, was irgendwie exotisch ist, immer viel besser ist als das Deutsche.

Wie auch immer. Dieter Bohlen hat trotz allem an Naddel kräftig nachgebessert, an ihren Haaren, ihren Zähnen, ihrem Busen. Ob er nun an der sudanesischen Hälfte rumbesserte oder an der deutschen, das weiß er wohl selbst nicht so genau. Es kamen da sicher zu viele halbe Sachen zusammen. Und nach zwölf Jahren wollte er nicht länger halbe Sachen machen und hat Naddel dann als Ganzes ausgemustert.

Nun bin ich aber irgendwie völlig vom Thema abgekommen. Das muß mit den Pferdestärken und Jens Watt zusammenhängen. Zurück zum CAT:

Mit dem CAT kann man schnell mal nach Helgoland fahren und dort seine wichtigsten Einkäufe tätigen, also Spirituosen, Tabakwaren und natürlich auch Butter. Und damit keine unnötige Zeit mit dem Ausbooten auf Helgolands Reede verloren geht, legt der CAT selbstverständlich an der Kaimauer im Helgoländer Hafen an.

Inzwischen haben auch andere Reedereien erkannt, daß Butterfahrten wieder interessant werden, wenn man nur schnell genug im Supermarkt ist, auf Helgoland, das nach den deutschen Zollbestimmungen Zoll-Ausland ist. Und so sind auch andere Reedereien von anderen Häfen aus dem Beispiel der Reederei

FRISIA gefolgt und steuern Helgoland ebenfalls mit Katamaranen an. Aber so richtig lohnend ist ein Einkauf auf Helgoland nicht, wenn man die Fahrkosten umrechnen würde. Die sollte man deshalb zweckmäßigerweise auf dem Konto Vergnügen verbuchen, und das ist eine Reise mit dem CAT No. 1 allemal.

Hunde
Auch Hunde brauchen Urlaub

In Ostfriesland gibt es Hunde wie Sand am Meer, das
heißt, in einer Menge, wie man sie
in keinem anderen Land der Welt
vorfindet.
Wenn Sie selbst Hundebesitzer sind,
dann könnten Sie Ihren Fifi also ge-
trost zu Hause lassen. Hunde gibt es
hier schon zur Genüge.
Streng genommen gilt das natür-
lich auch für Ihre Gattin, lieber Herr
Tourist. Pardon, gnä' Frau, selbstverständlich gilt das
auch für Ihren Herrn Gemahl. Hier gibt es schon alles.
Da Sie sich aber zu gemeinsamem Familien-Urlaub
mit Hund entschlossen haben, nehmen Sie den Fifi
ruhig mit. Gönnen Sie ihm nach Ihrem Urlaub aber
ein paar Tage der Erholung in seiner vertrauten Umgebung. Ihr Urlaub ist für Ihren Hund nie ein Vergnügen, sondern stets eine Strapaze.
Hunde sind nun einmal Dämmerungstiere, die überwiegend nach Sonnenuntergang aktiv sind. Nachts
dösen sie bis etwa eine Stunde vor Sonnenaufgang,
werden dann noch einmal ein bißchen munter und
verschlafen dann am liebsten den ganzen Tag. Das
ist einer ihrer Urtriebe, der sich bis auf den heutigen
Tag erhalten hat.
Ein Hund, dem man seine Ruhe am Tage nicht
gönnt, ist immer nervös und unausgeglichen, ganz so
wie ein Mensch, der stets die Nacht zum Tage machen muß.
Ihr Urlaub wird für Ihren Fifi also kein rechter Urlaub
sein, und er wird sich freuen, wenn er endlich wieder
daheim ist. Ihn tagsüber in einer für ihn fremden
Wohnung einzusperren, während Sie sich vergnügen,

macht ihn eher krank und traurig, weil er ja dazuge-
hören möchte. Nehmen Sie ihn also tagsüber immer
mit, wann immer das möglich ist. Aber lassen Sie ihn
nicht stundenlang in Ihrem von der Sonne aufgeheiz-
ten Auto liegen. Das ist Tierquälerei, und das steht er
nicht durch.
Wenn Sie Ihren Hund mit an den Strand nehmen wollen, dann ist das nur in Norddeich und Neßmersiel
möglich. Dort gibt es kleine Hundestrände, sogar mit
nach Geschlechtern getrenntem Hundeklo. Das wird
von den Hunden aber kaum genutzt, weil nur die
wenigsten Hunde die Schilder lesen können.
Sorgen Sie dafür, daß Ihr Hund am Strand ein schat-
tiges Plätzchen hat. Nehmen Sie ihm einen Sonnen-
schirm mit. Hunde schätzen keine langen Sonnen-
bäder und so eitel, braungebrannt nach Hause zu
kommen, sind sie auch nicht.
Hunde müssen fast überall an der Leine geführt werden. Auf die Deiche dürfen Sie überhaupt nicht mitgenommen werden, weil dort fast überall Schafe
grasen und weil die Schäfer sicher sein wollen, daß
die Hundekacke unter ihren Schuhen die ihrer eigenen Hunde ist.
Ausnahmsweise dürfen Sie Ihren Hund aber dann mit
auf den Deich nehmen, wenn Sie schriftlich nach-
weisen können, daß Ihr Hund eine Ausbildung zum
Hütehund genossen hat. Dies zu Ihrem ureigensten
Schutz und aus folgendem Grund:
Ihrem ursprünglichen Jagdtrieb folgend, treiben
nicht ausgebildete Hunde eine Schafherde immer ihrem Rudelführer zu. Das sind Sie. Wenn aber ein paar
hundert Schafe über Sie hinwegtrampeln, dann werden Sie das womöglich nicht überleben und Sie
würden für die Ostfriesen als Devisenbringer ausfal-
len. Das soll unter allen Umständen vermieden werden.

Ausgebildete Hütehunde aber treiben ihre Schafherde vor ihrem Rudelführer, dem Schäfer, her und damit von ihm weg. Lassen Sie Ihren Hund doch einfach zum Hütehund ausbilden! Ansonsten müssen Sie ihn doch zu Hause lassen. Auf den Deich darf er jedenfalls nicht.

Museumseisenbahn
Alt, aber immer noch modern

Ein ganz krasser Gegensatz zum Transrapid ist die Museumseisenbahn, die täglich zwischen Norden und Dornum verkehrt. Sie wird Museumseisenbahn genannt, weil sie wirklich längst museumsreif ist und eigentlich auch längst dorthin gehört. Die Museumseisenbahn ist ein absolutes Muß für den Urlauber. Und mit ihr zu fahren ist noch ein echtes Abenteuer.[13]

Selbstverständlich gibt es bei der Museumseisenbahn Waggons erster und zweiter Klasse, also solche mit weich gepolsterten Sitzen; in der ersten Klasse in Velours, in der zweiten in Kunstleder. Diese Waggons sind eher den wenigen begüterten Ostfriesen und den Touristen vorbehalten.

Die armen Ostfriesen, die nun täglich auf die Eisenbahn angewiesen sind, benutzen überwiegend die sogenannte Holzklasse. Das ist die frühere dritte Klasse der deutschen Eisenbahnen, an deren Holzbänke sich die ältere Generation unter Ihnen vielleicht noch erinnern wird. Hier gibt es sie noch.

Unbedingt gesehen haben aber muß man die Waggons der vierten Klasse, die auch heute noch von den Ärmsten der Armen, wie sie nur in Ostfriesland zu finden sind, benutzt wird. Diese Waggons sehen äußerlich aus wie die Waggons der ersten bis dritten Klasse. Einzig die 'Vier' auf den Außenwänden der

---

[13] Buchungen bei Museumseisenbahn Ostfriesland e.V. PF 100246, 26492 Norden, ☎ 04931-169030, Fax: 04931-169065, www.m.koev.de

Waggons zeigt, daß es sich um eine andere Wagen-klasse als die von eins bis drei handeln muß. In ihrem Inneren aber unterscheiden sich diese Waggons von den ersten drei Klassen jedoch ganz erheblich. Nicht nur das völlige Fehlen von Sitzplätzen fällt auf, es fehlt diesen Waggons auch der Fußboden. Statt dessen gibt es an den Wänden Haltegriffe. An diesen Griffen kann der Reisende sich festhalten und dann ganz einfach mitlaufen. So erreicht er sehr preiswert, wettergeschützt und genauso schnell wie die Reisenden der ersten bis dritten Klasse sein Ziel.

Selbstverständlich können auch Sie als Tourist die vierte Wagenklasse benutzen und ein paar Stationen mitlaufen, falls Ihnen nicht die Puste ausgeht. Sollte das passieren, dann können Sie aber immer noch in die niedrigeren Klassen umsteigen, müssen allerdings nachlösen.

Als die deutsche Eisenbahn seinerzeit für die Ärmsten der Armen in Ostfriesland die vierte Klasse eingeführt hatte, da nannte man das zunächst eine Gemeinheit, eine Frechheit, eine Unverschämtheit. Schnell entwickelten sich daraus bundesweit die Redensarten von einer bodenlosen Frechheit, einer bodenlosen Gemeinheit, einer bodenlosen Unverschämtheit. Diese Redensarten haben ihren Ursprung also in Ostfriesland, in der vierten Klasse der deutschen Eisenbahnen, und sie haben sich bis heute gehalten.

In Ostfriesland aber haben sich nicht nur diese Redensarten gehalten, sondern die vierte Wagenklasse selbst auch. Sie ist noch immer die bevorzugte Wagenklasse der armen Bevölkerungsschichten, die täglich von zu Hause zur Arbeit pendeln müssen. Sie haben kaum eine andere Wahl als die Benutzung der vierten Wagenklasse, wollen sie ihren schmalen Verdienst nicht in den Luxusklassen der Museumseisenbahn wieder einbüßen.

Man erkennt die Berufspendler sofort an ihren Figuren: Meistens sind sie weiblichen Geschlechts, kaum ein Gramm Fett am Körper, dafür eine ausgeprägte und nur spärlich von eng anliegenden Radlerhosen kaschierte Oberschenkel- und Gesäßmuskulatur, wie sie nur in Ostfriesland so häufig anzutreffen ist. Diese kräftige Muskulatur ist nichts anderem als dem täglichen Lauftraining in der vierten Wagenklasse zuzuschreiben. Auch hier sind es also, wie überall auf der Welt, gerade die Frauen, die trotz  aller Emanzipation nach wie vor benachteiligt werden und die allen Grund haben, sich neben ihrer ungünstigen finanziellen Situation auch noch über zu viel Muskelfleisch an den falschen Stellen zu beklagen. Auch manche Männer beklagen das an ihren Frauen. Die meisten aber lieben es.

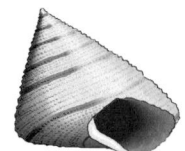

Krabben und Fischstäbchen
Ostfriesische Meeresfrüchte

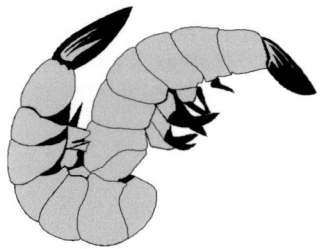 Jeder Ostfriese weiß es, aber keiner mag es den unwissenden Touristen sagen: Was hier als Krabben verkauft wird, das sind gar keine Krabben. Es sind Garnelen. Krabben sind zum Beispiel die manchmal handgroßen und größeren, gepanzerten, rundlichen Tierchen mit zehn Beinen, die Ihnen am Strand und im Wasser begegnen. Sie gehen auch ausgesprochen gern an Land, was Garnelen niemals tun würden.

Garnelen heißen auf ostfriesisch Granat. Diesen Namen haben die Ostfriesen den Garnelen verliehen, als Garnelen noch wahre Potenz-Granaten waren. Von vieren wirkten garantiert mindestens drei, Abend für Abend, wie ältere Ostfriesen zu berichten wissen.

Als in Ostfriesland Kläranlagen noch unbekannt waren und die ostfriesischen Abwässer noch ungeklärt in die Nordsee gelangten, da bemühten sich die Garnelen eifrig um den biologischen Abbau der ostfriesischen Hinterlassenschaften von Mensch und Tier. Derart aufgepäppelt wurden sie mindestens so groß wie ein ostfriesischer, landwirtschaftlicher Mittelfinger[14]. Da zu dieser Zeit auch das Fernsehen in Ostfriesland noch völlig unbekannt war, wandten sich die Ostfriesen gleich nach dem Abendessen, zu dem Granat(en) aus gutem Grund nie fehlen durfte(n), ihrer Lieblingsbeschäftigung zu.

Mit der Einführung der Kläranlagen in Ostfriesland wurde den Garnelen jedoch ihre wichtigste Nahrungsgrundlage entzogen. Die Garnelen gediehen

---

[14] ostfriesische Maßeinheit = ca. 12 x 2,5 cm

121

nicht mehr und wanderten ab in Richtung Haupt-schiffahrtsstraße vor den Inseln, um wenigstens das Bißchen zu ergattern, das die Seeleute ihnen zu-kommen ließen und lassen.
Zum Ausgleich für den erlittenen Verlust hat man dann auch in Ostfriesland das Fernsehen eingeführt. Zur Erinnerung an vergangene Zeiten wurden den Ostfriesen die Programme angeboten, die sie früher in Eigenregie gestaltet hatten.
Heute werden Ostfrieslands Garnelen Krabben ge-nannt, damit wenigstens der Tourist sie kauft. Sie sind nur noch winzig klein, so klein, daß kein Ostfriese mit seinen Arbeitshänden noch in der Lage wäre, sie zu pulen. Er würde sie zwischen seinen Fingern sofort zerdrücken, und sie wären unverkäuflich.
Ein findiger Marokkaner, ehemals Gastarbeiter bei dem größten niederländischen Fischgroßhändler, der Firma Heiploeg, sah darin eine Chance für sich. Er ging zurück nach Marokko und baute dort eine re-gelrechte Krabbenpulfabrik.
Sein ehemaliger Chef kauft nahezu alle Krabben der gesamten Nordseeküste auf und bringt sie per Kühl-container nach Tetuan in Marokko. Dort pulen Tag für Tag 1000 Marokkanerinnen mit ihren zarten Fin-gerchen je 12 Kilo Krabben aus ihren Schalen und lie-fern abends je drei Kilo Krabbenfleisch ab.
Mit Hexamethylentetramin aromatisiert treten die Krabben dann wieder die Heimfahrt an.
Das Ganze funktioniert, weil die Krabben schon auf See in den Kochtopf wandern und vom Kutter sofort in den Kühlcontainer verladen werden, in dem sie auf ihre dreiwöchige Auslandsreise gehen.
Aber nicht alle Krabben gehen auf Auslandstournee. Einige landen auch bei der Fischereigenossenschaft in Neuharlingersiel und werden dort maschinell von ihrem Panzer befreit.

Preislich ist das maschinelle Pulen den marokkanischen Mädchenhänden aber unterlegen. Dafür sind die in Neuharlingersiel gepulten Krabben aber wirklich frisch, obwohl die aus Marokko heimgekehrten auch als frische Krabben verkauft werden.

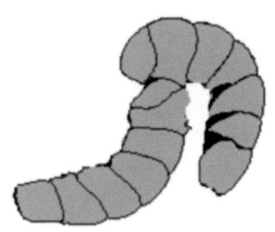

Für Touristen, die selbst einmal das Krabbenpulen ausprobieren wollen, um sich auf das Ostfriesenabitur vorzubereiten, das man in Wittmund ablegen kann, halten die Fischgeschäfte immer auch Pulkrabben bereit. Pulkrabben sind ungepulte Krabben und ein echter Genuß. Man sollte sie pur genießen, wenn man wirklich wissen will, wie eine Nordseegarnele schmeckt. Wenn man Glück hat, kann man manchmal frisch angelandete Krabben auch direkt vom Kutter kaufen, zum Beispiel in den Häfen von Norddeich, Bensersiel oder Carolinensiel. Dort sind sie nun wirklich frisch und schmecken so natürlich am allerbesten.

Krabbenpulen ist ein großer Spaß für die ganze Familie und macht obendrein noch schlank, gerade dann, wenn die gepulten Krabben gleich von der Hand in den Mund wandern. Sie sind nämlich schneller verdaut als gepult, so daß man selbst abends noch immer kein Sättigungsgefühl verspürt, wenn man frühmorgens mit dem Pulen angefangen hat.

Übrigens: Wo Sie frische Krabben vom Kutter bekommen, da bekommen Sie auch frisch gefangene Fischstäbchen vom Kutter, worüber sich besonders Ihre Kinder freuen werden. Fischstäbchen sind sogenannter Beifang beim Krabbenfang, der früher achtlos über Bord geworfen wurde, jetzt aber für die Touristen mit an Land gebracht wird. Fragen Sie einfach mal danach. Frischer können Sie auch Fischstäbchen nirgendwo bekommen.

Krabben pulen
Jetzt lernen Sie's endlich richtig

Im Kapitel Krabben und Fischstäbchen hatte ich Sie wissen lassen, daß die Krabben, bis Sie sie gepult kaufen können, schon etwa drei Wochen auf Auslandsreisen waren. Es dauert also, bis man gepulte Krabben bekommen kann.

Wenn Sie so viel Zeit nicht aufbringen können oder auch nicht aufbringen wollen, dann bleibt Ihnen nichts anderes übrig, als zur Selbsthilfe zu greifen, also Ihre Krabben selbst zu pulen.

Dazu muß man zunächst wissen, was pulen überhaupt ist. Pulen ist ein norddeutsches Wort und bedeutet etwa soviel wie bohren oder stochern. Der Norddeutsche pult in der Nase, er bohrt also darin herum. Manchmal sagt man statt in der Nase bohren auch in der Nase polken. In der Nase bohren ist die eine Bedeutung des Wortes pulen. Pulen heißt aber auch, Krabben, Granat oder Garnelen von ihren harten Chitin-Panzern zu befreien. Daß mit diesen drei scheinbar verschiedenen Tierarten immer die Nordseegarnele gemeint ist, die Ihnen zum Beispiel als Krabbenbrötchen begegnet, hatte ich auch schon erwähnt.

Zurück zum Pulen: Wer pult, der popelt, der holt entweder Popel aus seiner Nase oder er holt Krabben aus ihrem schützenden Panzer, weil der einer toten Krabbe sowieso nichts mehr nützt und sich auch zwischen den Zähnen nicht so gut macht wie schieres Krabbenfleisch. Er bereitet die Krabben also sozusagen zum Verzehr vor.

Grundfalsch ist in Verbindung mit Krabben das Wort polken. Krabben werden niemals gepolkt, immer nur gepult. Denn wer polkt, der popelt, sonst nichts.

Nun aber ran an die Krabben:

Kaufen Sie sich direkt an einem Krabben-Kutter oder in einem Fischgeschäft sogenannte Pulkrabben. Das sind in der Regel die Original-Garnelen, wie sie in der Nordsee anzutreffen sind und dort auch gefangen werden. Sie werden immer gleich auf See gekocht, weil niemand an Land sie kaufen würde, müßte er ihr Geschrei ertragen, das sie von sich geben, wenn sie lebend ins kochende Salzwasser in den großen Kochkesseln auf den Kuttern geworfen werden. Auf See empfindet man dieses Geschrei nicht so stark, weil es vom Lärm der tosenden Wellen und vom Tukkern der Kuttermotoren übertönt wird.

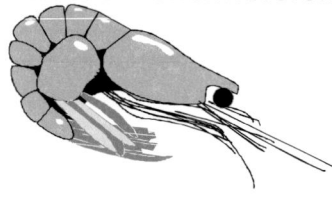 Überzeugen Sie sich davon, daß man Ihnen auch wirklich echte Pulkrabben verkauft. Sie müssen mindestens zehn Beine haben, je fünf an jeder Seite. Weisen Sie Tiere mit nur acht Beinen zurück. Tiere mit acht Beinen sind Fälschungen, oder es sind gar Spinnen. Es können aber auch ganz einfach Invaliden sein, für die Sie einen Preisnachlaß aushandeln können. Das wäre im übrigen gar nicht so schlecht für Sie, weil Sie die Beine sowieso nicht brauchen.

Kaufen Sie pro Person mindestens ein Pfund Krabben ein. Dann bleiben Ihnen nach dem Pulen etwa 120 – 150 Gramm köstliches Krabbenfleisch, wenn Sie zwischendurch nicht naschen.

Aber jetzt an die Arbeit: In Ihrer Unterkunft angekommen, schütten Sie die Krabben am besten in eine große Schüssel. Dann legen Sie ein Küchenbrett auf den Küchentisch, packen eine Krabbe mit Daumen und Zeigefinger der linken Hand, legen sie auf das Brett und strecken zunächst einmal den gekrümmten toten Krabbenkörper. Halten Sie sie mit der linken Hand fest. Mit einem scharfen Messer in der rechten Hand durchschneiden Sie dann Brust- und Schwanzpanzer der Krabbe der Länge nach mit einem einzigen Schnitt genau in der Mitte. Sie haben jetzt zwei halbe Krabben vor sich, aus der Sie das Krabbenfleisch nach Belieben mit einer speziellen Krebsgabel oder ganz einfach mit den Fingern entnehmen können. Guten Appetit.

Etwas aufwendig ist dieses Verfahren zwar, aber jeder hat mal klein angefangen. Und so haben Sie an den kleinen Krabben gerade geübt, wie man die größeren Krebstiere, also Hummer und Langusten, zu denen Krabben ja ebenfalls gehören, aus ihren Schalen holt, ohne an ihrem harten Panzer verzweifeln oder aufgeben zu müssen. Zum Üben tut's ja eine kleine Krabbe. Direkt an Hummern oder Langusten zu üben, wäre dann doch etwas zu teuer.

Wie aber jetzt die Krabben pulen? Also zunächst einmal die Krabben aus der Tüte in eine große Schüssel geben und auf den Wohnzimmertisch stellen. Dann für jede pulende Person einen Teller oder eine kleinere Schüssel für die Abfälle der Krabben an jeden Pulplatz und dazu noch je eine kleinere Schüssel für das Krabbenfleisch. Und dann geht's los:

Nehmen Sie eine Krabbe so zwischen Daumen und Zeigefinger der linken Hand, daß Kopf und Brustpanzer sozusagen in Ihrer Hand liegen. Der Rücken Ihrer linken Hand zeigt dabei nach oben. Halten Sie die Krabbe mit Daumen und Zeigefinger der linken Hand am ersten oder zweiten Ring ihres Schwanzpanzers fest. Mit Daumen und Zeigefinger der rechten Hand fassen Sie dann die Krabbe am zweiten oder dritten Ring des Schwanzpanzers, je nachdem, ob Sie mit der linken Hand das erste oder zweite Glied gefaßt haben.

Jetzt führen Sie mit festgehaltenem Schwanzpanzer eine leichte Rechtsdrehung mit Ihrer rechten Hand aus. Sie spüren, daß der Schwanzpanzer zwischen linker und rechter Hand aufreißt. Dann drehen Sie die rechte Hand zurück und machen vorsichtshalber noch eine leichte Linksdrehung mit Ihrer rechten Hand. Damit sind alle Vorbereitungen getroffen, den Schwanzpanzer zu entfernen. Das tun Sie, indem Sie unter weiterem Festhalten der Krabbe mit der linken Hand mit der rechten vorsichtig an der Schwanzspitze der Krabbe ziehen. Sie spüren, daß sich der Schwanzpanzer ganz leicht in einem Stück abziehen lassen wird. Tun Sie's.

Nun haben Sie das blanke Krabbenfleisch vor sich. Es befindet sich nur noch mit seinem dicken Ende im Brustpanzer der Krabbe. Ziehen Sie es mit Daumen und Zeigefinger der rechten Hand heraus. Das geht ebenfalls ganz leicht. 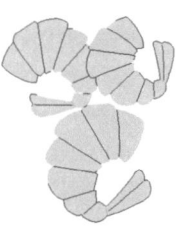 Legen Sie das Krabbenfleisch in die kleinste Schale, Brust- und Schwanzpanzer der Krabbe in die Abfallschale.

Nehmen Sie nun eine neue Krabbe und verfahren Sie wieder so, wie eben beschrieben. Mit etwas Übung wird es Ihnen schon bald gelingen, sehr viel schneller an das begehrte Krabbenfleisch zu kommen als diese Beschreibung darüber zu lesen.

Beim Pulen ist äußerste Disziplin angesagt und Naschen strikt verboten, wenn man sich am Ende eine kleine Mahlzeit aus dem Krabbenfleisch bereiten möchte: Krabbenbrötchen zum Beispiel oder Rührei mit Krabben. Oder Krabben pur oder mit Mayo oder köstlichen Krabbensalat. Der Verzicht aufs Naschen lohnt sich auf alle Fälle und wird mit vollmundigen Genüssen belohnt.

Pulkrabben zu kaufen und selbst zu pulen hat aber noch einen weiteren Vorzug, den Sie bei bereits gepultem Krabbenfleisch vermissen werden: Die Krabbenfischer mischen unter ihren Krabbenfang auch immer etwas sogenannten Beifang. Das sind kleine Seesterne, kleine Einsiedlerkrebse, also Krebse, die in

Schneckenhäusern wohnen, oder auch kleine Muscheln. Derlei Getier findet sich am Strand nur selten, weil es nicht in unmittelbarer Strandnähe lebt. Aber es ist als Urlaubsandenken sehr begehrt und wird als Zugabe zu den Pulkrabben ohne Aufpreis mitgeliefert, während man dafür in den Andenken-Läden viel Geld bezahlen müßte.

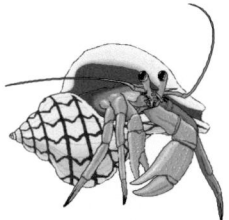

Aber nicht nur das. Mit den Krabbenschalen können Sie sich auch noch schnell ein paar Euros oder Cents verdienen. Krabbenschalen bestehen nämlich aus Chitin[15] und sind ein hochwertiges und begehrtes Hühnerfutter. Sie werden deshalb dem Hühnerfutter beigemischt und ersetzen das Chitin, das freilaufende Mistkratzer sonst in Form von Käfern, Asseln, Fliegen und ähnlichem Getier zu sich nehmen. In der bei Geflügel heute leider üblichen Massentierhaltung ist es natürlich nichts mit Käfern und anderem Kleinvieh für die Eierleger. Chitin muß also zugefüttert werden. Krabbenschalen eignen sich bestens dazu.

Die Hühner würden das Krabbenfleisch natürlich auch nicht verschmähen. Aber in freier Wildbahn würden sie sowieso keine Krabben fangen und wissen darum auch gar nicht, was ihnen entgeht. Und deshalb sind sie schon allein mit den Krabbenschalen glücklich zu machen.

---

[15] Chitin = griech. Gewand, Panzer

Sie sollten Ihre Krabbenschalen gleich am Tag nach dem Pulen an Ihr Fischgeschäft zurückgeben und dort ein paar Euros oder Cents sozusagen für das Leergut in Empfang nehmen. Ihr Fischhändler sammelt die Krabbenschalen und verhökert sie an einen Futtermittelhersteller, der sie u. a. zu Hühnerfutter verarbeitet.

Sushi auf ostfriesisch
Fernöstliche Spezialitäten in Ostfriesland?

 Essen Sie gern japanisch? Mögen Sie Sushi, gefüllt mit rohem Fisch? Oder mögen Sie lieber dünn geschnittene Scheibchen von rohem Thunfisch mit Stäbchen in eine pikante Soße dippen und dann roh runterschlucken?

Oder haben Sie noch nie japanisch gegessen, weil Ihnen der Gedanke, rohen Fisch zu essen, ein Greuel und japanisch zu essen viel zu teuer ist?

Dann sind Sie in Ostfriesland besonders gut aufgehoben. Hier müssen Sie lange suchen, wenn Sie so etwas Ausgefallenes wie in sauren Reis eingehüllten rohen Fisch essen wollen. Dafür gibt es hier andere Genüsse: Rotbarsch, Kabeljau, Seezungen, Schollen, alles auf die verschiedensten Arten zubereitet: gekocht, gedünstet, gebraten, geräuchert, aber niemals roh. Und immer frisch vom Kutter oder aus dem Fischgeschäft. Wenn es Sie gelüstet, diese maritimen Köstlichkeiten roh zu essen, dann wird niemand daran Anstoß nehmen, wenn Sie das zu Hause in Ihrer Ferienunterkunft tun. Aber im Restaurant wird man Sie etwas seltsam angucken, wenn Sie eine rohe Seezunge bestellen.

Auch Lachs, die Krönung allen Fischs der westlichen Hemisphäre, können Sie in Ostfriesland in allen möglichen Zubereitungsarten bekommen, also ebenfalls gekocht, gedünstet, gebraten oder geräuchert.

Besonders lecker schmeckt allerdings gebeizter Lachs mit einer frisch angemachten Kräutersoße. Liebhabern rohen Fischs ist er besonders zu empfehlen. Er wird natürlich roh gegessen.

Eine ganz besondere und preiswerte Delikatesse ist der Hering. Er wird selten gekocht, öfter gebraten oder geräuchert und am häufigsten in eingelegter Form gegessen. Aber immer wird er roh eingelegt und als eingelegter Hering darum auch roh gegessen. Das Prunkstück von Fisch für das gemeine Volk, das man auch mal schnell aus der Hand essen kann, ist ohne jede Frage der Matjeshering. Das Wort Matjeshering kommt aus dem Niederländischen und bedeutet Mädchenhering. Dies deshalb, weil ein Matjes- oder Mädchenhering ein noch sehr junger und noch nicht geschlechtsreifer Hering ist, der nur leicht gesalzen, aber ebenfalls roh gegessen wird.

Die besten Matjes kommen über Holland aus Emden. Emden feiert jedes Jahr Anfang Juni die Matjestage. Dann gibt es die ersten Heringe des laufenden Jahres. Sie sind besonders frisch und besonders lecker.

Wer so lange nicht warten mag, der macht schnell mal einen Abstecher über die holländische Grenze. In Holland gibt es nämlich schon ab etwa Mitte Mai 'Hollandse Nieuwe'. Das sind die 'Holländischen Neuen'. Die werden vor Norwegens Küste gefangen, auf den Fischtrawlern sofort zu Matjesfilets verarbeitet und reifen dann auf der Fahrt nach Holland zu köstlichen 'Doppelfilets'.

Früher gab es keine Doppelfilets. Wer ein Matjesfilet kaufte, bekam stets einen ganzen Hering ohne Haut und ohne Gräten. Aber irgend jemand hat dann erkannt, daß sich mit einem Matjeshering doppelter Gewinn erzielen läßt, wenn man ihn als zwei Einzelfilets oder als ein Doppelfilet verkauft.

Stilgerecht faßt man einen kompletten Matjeshering am Schwanz, wälzt ihn in gewürfelten Zwiebeln, legt den Kopf in den Nacken, öffnet den Mund und läßt ihn dann über die Zunge gleiten, auf der er fast von selbst zergeht.

Weil der Matjeshering am Schwanz gefaßt werden muß, um ihn stilgerecht essen zu können, bekommt man nie zwei Doppelfilets angeboten, sondern immer nur einen kompletten Matjes. Aber auf Matjesbrötchen bekommt man in der Regel immer nur einen halben Matjeshering ohne Schwanz serviert. Wem das nicht genügt, der muß ein Doppelfilet bestellen. Zum doppelten Preis.

Und damit schließt sich der Kreis. In Ostfriesland wird roher Fisch gegessen wie auch in Japan. Man gibt ihm nur einen anderen Namen als Sushi, berechnet aber das Gleiche.

Haie und andere Fische
Haie fressen Menschen, Menschen fressen Haie

Könnten Sie sich vorstellen, Haie oder Haifische zu essen?
Haie gibt es in etwa 300 Arten.
Wer an Haie denkt, der stellt sich
gleich riesengroße Fische mit
mächtigem Gebiß vor, die scharf
darauf sind, Menschen zu fressen.
Tatsächlich gibt es Haie, die auch
Menschenfleisch nicht verschmähen, aber sie sind
darauf natürlich nicht spezialisiert, sonst wären sie
längst verhungert und ausgestorben. Es leben nämlich viel zu wenig Menschen im Wasser.
Haie werden so zwischen 50 cm und 15 m lang. Diese Größe von 15 Metern erreicht beispielsweise der
Walhai, ein absolut friedliches Tier.
Weil Haie als sogenannte maneater[16] in der Regel
vor Ostfrieslands Küsten nicht anzutreffen sind, sollen
sie hier auch nicht weiter abgehandelt werden.
Tatsächlich aber kommen einige Haie auch in der
Nordsee vor, z. B. der Katzenhai, der Makrelenhai,
der Dornhai.
Auch auf dem Festland begegnet man gefährlichen
Haien, meistens in Form von Kredithaien. Die gibt es
überall auf der Erde.
In den in Ostfriesland beheimateten Chinarestau-
rants ist der Hai in der Regel als Suppeneinlage anzutreffen. Als Haifischflossensuppe steht er auf den chi-
nesischen Speisekarten.
Aber auch in den Fischgeschäften und in den Gast-
stätten Ostfrieslands ist der Hai im Angebot. Natürlich
nicht als Hai oder Haifisch. An Fische mit derart Angst
einflößenden Namen traut sich ein zart besaiteter

---

[16] maneater - Menschenfresser

Fischliebhaber in der Regel nicht heran. Also mußte sich der Ostfriese auch hierzu etwas einfallen lassen, wollte er die ihm ins Netz geratenen Haie nicht als wertlose Fische wieder über Bord werfen.

Und so sind die 'Schillerlocken' in den Fischgeschäften nicht etwa die Haupthaare unseres verblichenen Dichterfürsten, wie Sie ja schon mit bloßem Auge erkennen können. Diese besonders zarten, golden geräucherten Fischstückchen sind die Bauchlappen des Dornhais. Aber unter dieser Bezeichnung wären sie natürlich nicht so gut verkäuflich wie unter dem Ihnen vertrauten Namen 'Schillerlocken'.

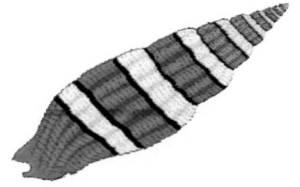

Walfische
Fisch oder Fleisch, das ist hier die Frage

Mit Walfisch bezeichnet man ein in der Äquatorzone zu findendes Sternbild, das von Ostfriesland aus nicht zu sehen ist. Es hat damit für Ostfriesland keine Bedeutung. Dann gibt es in der Tiefsee noch so etwa 5 – 15 cm große, fast blinde Fische, die, keiner weiß warum, ebenfalls Walfische genannt werden. Vielleicht einfach deshalb, weil sie das Wunder fertig bringen, Beute zu fressen, die größer sein kann als sie selbst. Diese Tiere sind in der relativ flachen Nordsee nicht anzutreffen und damit für Ostfriesland ebenfalls bedeutungslos. Dann gibt es noch die etwas größere Sorte Walfisch, die so 20 - 25 Meter lang werden kann und so an die 30 - 50 Tonnen schwer. Diese Tierart ist aber alles andere als ein Fisch, was der Mensch erst so nach und nach herausfand. Und so nach und nach gewöhnte er sich dann auch an, diese Tierart nur noch als Wal zu bezeichnen. Wale sind absolut keine Fische, sondern Säugetiere, Tiere mit warmem Blut also, mit Lungenatmung und mit einer Vorrichtung zum Versorgen des Walnachwuchses mit Milch, was sie ziemlich menschlich und auch beim Menschen sehr beliebt macht. Wale haben sich sekundär dem Wasser angepaßt. Das Leben auf unserer Erde ist ja im Wasser entstanden. Als es den vielen Lebewesen dann im Wasser zu eng und das Futter dort zu knapp wurde, sind sehr viele Lebewesen aus dem Wasser an Land gegangen und haben sich dort auf ein Landleben spezialisiert. Sie haben sich Lungen zum Atmen zugelegt und Füße, damit sie sich an Land fortbewegen konnten. Mit Flossen und Schwimmbewegungen war an

Land nämlich nicht gut voranzukommen. Auch die Wale haben es so gemacht. Irgendwie kamen die Wale auf dem Festland aber nicht so gut zurecht. Vielleicht waren sie auch zu groß und zu schwer und an Land zu langsam, so daß sie kaum Beute machen konnten. Sie beschlossen daher, wieder zurück ins Wasser zu gehen, bevor sie an Land verhungerten.

Im Wasser verloren sie ihre Hinterbeine, aus ihren Vorderbeinen wurden Flossen und aus ihrem Schwanz wurde so etwas wie eine Schwimmflosse, auch Fluke genannt. Von den Schwanzflossen der Fische unterscheidet sich die Schwanzflosse der Wale dadurch, daß sie waagerecht angebracht ist, während Fische ihre Schwanzflosse in senkrechter Stellung tragen müssen. Man kann also an der Schwanzflosse sofort erkennen, daß ein Fisch kein Wal ist.

Der Mensch fing schon sehr früh mit dem Fischfang an. Petrus, ein Jünger von Jesus, wird schon als Fischer beschrieben, und Jesus soll die Speisung der Zehntausend unter anderem mit Fisch vorgenommen haben.

Inzwischen weiß jeder, daß unsere Meere seit langem überfischt sind. Für unsere Wale bedeutet das, daß sie langsam aber sicher verhungern müssen, wenn sie sich nicht nach neuen Nahrungsquellen umsehen. Tatsächlich versuchen Wale immer mal wieder, irgendwo an Land zu kommen. Besonders gern probieren sie das an der ostfriesischen Küste, vermuten sie doch, nicht ganz zu Unrecht, gleich hinter Ostfrieslands Deichen größere Schaf- und Rinderherden, an denen sie sich gütlich tun könnten.

Leider sind sie von der Evolution noch immer ein bißchen benachteiligt und noch nicht so recht darauf vorbereitet worden, ohne jede Hilfsmittel ein Schaf oder eine Kuh reißen zu können. Meistens enden diese Versuche auch schon ziemlich weit vor Ostfrieslands Küste auf einer Sandbank.

So geschah es auch im Herbst des Jahres 1994. Da strandete ein Pottwal vor dem Baltrumer Strand. Plötzlich hatte er kein Wasser mehr unter dem Kiel, was zum Schwimmen unerläßlich ist. Beine hatte er

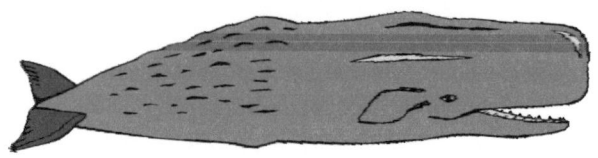

auch noch nicht. Und deshalb saß er fest.

Nun gehen die Berichte darüber auseinander, ob er wirklich noch gelebt hat, als er sich bei wohl ablaufendem Wasser festgeschwommen hatte, aber am Ende hatte man sich hier entschlossen, diese Version zu glauben.

Der Wal hatte eine Länge von etwa 15 Metern und wog so um die 39 Tonnen, mit denen er plötzlich auf dem Trockenen saß.

Es wird behauptet, der Wal sei nun auf dem sandigen Untergrund, von dem er sich nicht mehr fortbewegen konnte, von seinem eigenen Gewicht erdrückt worden. Mir selbst erscheint das eher etwas zweifelhaft, weil Wale bis zu tausend Meter tief tauchen und in dieser Tiefe einen Druck von etwa 100 kg auf jedem Quadratzentimeter ihres Körpers problemlos ertragen können, sehr viel mehr also als ihr Eigengewicht.

Wer in natura oder im Film schon mal gesehen hat, wie geschickt Killerwale, diese schwarz-weißen Orkas vom Typ 'Free Willie', ihre Lieblingsnahrung, Robben, an Land jagen, um sie sich dort zu greifen, dabei stranden und sich aus dieser mißlichen Situation geschickt wieder befreien, ohne den geringsten Schaden durch ihr eigenes Körpergewicht zu nehmen, der muß ebenfalls Zweifel an dieser Theorie haben.

Andere Stimmen behaupten, der Wal sei ertrunken. Das kann schon eher stimmen. Wenn der Wal nämlich gerade eben vom Wasser überspült wird, dann kann er in derart flachem Wasser noch nicht schwimmen. Er muß also weiter abwarten, bis das Wasser so hoch gestiegen ist, daß er schwimmen kann. Bis das aber so weit ist, muß er auch mal Luft holen. Zwar kann der Wal, ohne Luft zu holen, bis zu einer Stunde unter Wasser bleiben, aber dann muß er doch mal wieder an die Wasseroberfläche und Luft schnappen. Wenn dann sein Blasloch überspült ist und das Wasser zum Schwimmen und Auftauchen noch immer zu niedrig, dann saugt er unweigerlich Wasser durch sein Blasloch ein und ertrinkt.

Wie auch immer. Der Wal war tot.

Wohin aber nun mit so viel totem Wal? Da zog man zunächst in Erwägung, ihn von der Bundeswehr aufs offene Meer hinausziehen und dort atomisieren, d. h., sprengen zu lassen. Anderen erschien diese Art der Bestattung etwas unwürdig. Schließlich entschloß man sich, den Wal in den Osthafen von Norddeich zu transportieren, ihn zu zerlegen und sein Skelett irgendwo auszustellen.

So geschah es dann auch. Der Wal wurde in den Osthafen von Norddeich geschleppt und dort an Land gehievt. So, wie sein Leichnam stank, war der Wal nicht erst vor Baltrum elendiglich gestorben, sondern er muß schon lange vorher gestorben und tot vor Baltrum angespült worden sein.

Nun wäre es ein Leichtes gewesen, einen Trupp norwegischer Flenser[17] einfliegen und den Wal fachgerecht zerlegen zu lassen. Innerhalb einer Stunde wäre er komplett zerlegt und abtransportiert gewesen. Aber weil es so häufig nun auch wieder nicht vorkommt, daß ein Wal vor Ostfrieslands Küsten strandet und weil es zu dieser Zeit genügend Walspezialisten in Deutschland gab, die noch nie einen Wal zu Gesicht bekommen hatten, da hatte man erst einmal alle, deren Berufsbezeichnung irgendwie mit 'Wal' begann, nach Norddeich eingeladen.

Schon gleich wurden von den Walkennern Befürchtungen geäußert, der Wal könne, weil unüberriechbar bereits in Verwesung übergegangen, explodieren und so erheblichen Schaden anrichten. Das wäre zwar nie passiert, weil der Wal natürlich auch natürliche Körperöffnungen hatte, durch die entstehende Gase auf natürliche Art und Weise entwichen wären. Außerdem hätte sich so ja auch die ursprünglich vorgesehene Sprengung durch die Bundeswehr erübrigt. Es hat auch noch nie jemand über einen explodierenden Wal berichtet.

Erschwerend kam in diesem Fall allerdings hinzu, daß der Wal wärmer war als die Lufttemperatur. Da schworen nun die einen, der Wal sei noch warm, weil noch nicht lange tot, die anderen schworen, er sei schon wieder warm, weil in wärmeerzeugende Fäulnis übergegangen.

Aber es ist nun einmal so, daß, wo viele Schlaue zusammenstehen, irgend jemand etwas besonders Schlaues von sich zu geben weiß. Es muß nur gefährlich sein, dann wird es geglaubt. Klingt es nur gefährlich genug, dann werden alle Ratschläge befolgt, der Gefahr zu begegnen und ihren Eintritt zu verhindern.

---

[17] Flenser – die Männer, die Wale auf den Walfangschiffen zerlegen

Auf jeden Fall hat man dann vorsichtshalber zunächst einmal große Entlüftungslöcher in die Walhaut geschnitten, damit der Wal noch mal so richtig Dampf ablassen konnte. Und dann begann die Leichenfledderei. Der eine Walprofessor wünschte sich ein Auge und bekam es, ein anderer wünschte sich das andere Auge. Stück für Stück wurde der Wal zerlegt. Einer wollte das Herz des Wals haben, dazu seinen Penis, ein gewaltiges Gerät von zwei Metern Länge.

Schließlich wurden Haut, Fett und Fleisch in Containern zur Abdeckerei gebracht, Kopf und Skelett wurden zerlegt und abtransportiert, um in einer Abdeckerei entfettet und für eine spätere Ausstellung sorgfältig durchnumeriert zu werden. Diese Ausstellung findet übrigens in Wilhelmshaven[18] statt. Ein Besuch dieses neuen Museums lohnt sich. Auf 720 m² geht es nicht nur um den Pottwal von Baltrum, sondern um die Welt des Wals schlechthin.

Außer dem Skelett des Wals sind auf dieser Ausstellung das plastinierte Herz und der zwei Meter lange plastinierte Penis des Wals zu sehen. Beim Plastinieren werden Wasser und Fett des Gewebes durch Kunststoff ersetzt, so daß das Gewebe dauerhaft erhalten bleibt.

Beim Anblick des Penis brauchen Sie, lieber Herr Tourist, keine Minderwertigkeitskomplexe zu bekommen. Auch ich muß mit weniger zurechtkommen, und das geht auch. Beim Pinkeln im überfüllten Pissoir einer Autobahnraststätte bietet ein Zwei-Meter-Penis sicher einige Vorteile, weil man das Pissoir erst gar nicht zu betreten bräuchte oder schon aus der achten Reihe könnte, aber ansonsten ist so ein Zwei-Meter-Ding wahrscheinlich nicht besonders handlich. Und auch

---

[18] Neues Küstenmuseum, Weserstr. 58, Bontekai, ☎ 04421-400940, tägl. 10 - 18 Uhr

Ihre Gattin ist vermutlich eher froh, daß Sie nicht ganz so gut bestückt sind wie ein Wal.

Weil die Gattin aber vielleicht trotz allem ein bißchen neugierig darauf ist, wie sich so ein gutes Stück anfühlt: Sie darf es im Museum wenigstens mal anfassen und streicheln.

Sicher kennen Sie die Redensart von der Duplizität der Fälle, daß ein Unglück selten allein kommt und ähnlichen Schnickschnack. So war es auch bei dem Baltrumer Wal. Kaum war der nämlich entsorgt, versuchte ein anderer Pottwal sein Glück am Strand von Norderney. Auch er brauchte die Hilfe des Menschen, um an Land zu kommen. Aber auch er war bereits tot, als er dort ankam.

Bei der Entsorgung des Baltrumer Pottwals im Norddeicher Hafen hatte sich herumgesprochen, daß die Belgier, wenn bei ihnen mal ein Wal strandet, das Tier einfach einbuddeln. Nach drei Jahren ist es von selbst skelettiert, und man kann es ausstellen. Eine ganz preiswerte Lösung.

Kurz entschlossen baggerten und buddelten auch die Norderneyer ihren Wal ein.

In Ostfriesland sind solch praktische Lösungen allerdings nicht gefragt. Und prompt klagte ein hiesiger Bürger auf Exhumierung und Entsorgung des Wals in einer Tierkörperbeseitigungsanstalt.

Glück für den Wal: Unser Tierkörperbeseitigungsgesetz schreibt zwar vor, daß Großvieh, also so ziemlich alles, was größer ist als ein Hund, in einer Abdeckerei zu Tiermehl und Viehfutter verarbeitet werden muß, also Rinder, Schweine, Schafe; Rehe und Wildschweine aber andererseits nicht, weil sie offiziell kein Vieh, keine Haustiere, sondern wilde Tiere sind. Weil nun ein Wal auch nicht gerade zu den Haustieren gehört, auch nicht zu den ostfriesischen, durfte er trotz seiner Masse in freier Wildbahn begraben bleiben. Eines Tages wird man ihn aber bestimmt wieder ausbuddeln und dann auch sein Skelett auf Norderney ausstellen. -

Wie das Leben so spielt: Anfang Dezember 2003 strandeten gleich zwei Pottwale, 12 und 15 Meter lang, zusammen 74 Tonnen schwer, auf einer Sandbank zwischen den Inseln Juist und Norderney. Auch sie müssen dort, auf dem Bauch oder der Seite liegend, ertrunken sein, weil Wale, wenn sie nur gerade eben von Wasser überspült werden, ihr Blasloch nicht an die Wasseroberfläche bringen und keine Luft holen können. Da ist es dann vorbei mit der Atmung. Ebenso, wie zum Ertrinken für den Menschen schon eine Suppenschüssel genügt, genügt für Wale schon eine leichte Überspülung ihres gestrandeten und im flachen Wasser fast bewegungsunfähigen Körpers.

Diese beiden Wale nun wurden wieder in den Osthafen von Norddeich geschleppt und dort zur Entsorgung zerlegt, nachdem sie schon über eine Woche tot waren. Nur wenige Zuschauer sahen sich dieses unschöne Schauspiel an, weil der Gestank von etwa 74 Tonnen verwesenden Fleisches einfach unerträglich ist.

Das Fleisch der Wale kam in eine Abdeckerei nach Cloppenburg. Die beiden Skelette aber werden nach entsprechender Aufbereitung irgendwann in der Seehundstation[19] in Norddeich und in der Hermann-Lietz-Schule auf der Insel Spiekeroog zu sehen sein.

---

[19] Dörper Weg 22 in 26506 Norddeich,☎ 04931-8919

Möwen
Verfressen und undankbar

Möwen waren einst des Schiffers und Fischers liebstes Kind. Sie kündigten den nahen Hafen an und geleiteten die Schiffe sicher dorthin. Durch die Einführung der Satellitennavigation, die dem Schiffer zu jeder Zeit und an jedem Ort der Welt auf drei Meter genau anzeigt, wohin er steuern muß und wo er sich gerade befindet, sind auch die Möwen arbeitslos geworden.

Und so lungern sie auch wie Arbeitslose in den Häfen herum, betteln um Nahrung oder stehlen sie und wenn man sie füttert, dann kacken sie einem zum Dank auf den Kopf.

Trotzdem mag niemand auf diese Wahrzeichen der Meere und Häfen verzichten. Allein ihr Vorhandensein sorgt für die richtige Atmosphäre, die der Küstenbewohner braucht, um sich rundum wohl zu fühlen.

Sind die Möwen fort, dann ist das immer ein Zeichen für irgendein Unheil und sei es nur, daß sich ein Sturm ankündigt.

Den Sturm mit seinen oftmals nassen Begleiterscheinungen wettern die Möwen lieber im sichereren Hinterland ab. Dort sitzen sie zuhauf auf den Wiesen, suchen nach allerlei Getier und wenn der Spuk vorüber ist, dann fliegen sie wieder zurück auf ihre Stammplätze in den Häfen.

Möwen sind nicht nur majestätisch anzusehende Erscheinungen, sie sind wahre Flug-, Schwimm- und Laufkünstler. Alles können sie gleichermaßen gut, obwohl ihnen das Fliegen natürlich am meisten liegt. Auf See fliegen sie den Fischerbooten hinterher und holen sich schon aus der Luft, was die Fischer als unbrauchbaren Beifang wieder über Bord werfen. So kommt nichts um, und ein wunderschöner Anblick ist ein Krabbenkutter mit dampfendem Kessel, einen Schwarm Möwen hinter sich herziehend, auch noch. Möwen fressen als Küstenbewohner natürlich am liebsten Fisch mit Pommes. Für den Fisch sorgen die Fischer in reichem Maße, aber Pommes liefern die Fischer nicht. Fischkutter sind schließlich keine Pommesbuden.

Möwen wissen, daß auch Touristen leidenschaftlich gern Fisch mit Pommes essen oder einfach nur Pommes, rot oder weiß. Deshalb sind Möwen in den Häfen meistens in der Nähe der Fisch- und Pommesbuden anzutreffen. Die Möwen wissen aus Erfahrung, daß aus den Pappschüsselchen oder Tüten, in denen die Pommes verkauft werden, immer mal wieder ein einzelnes Stäbchen herunterfällt, manchmal auch gleich die ganze Portion. Und schon stürzen sie sich mit viel Geschrei und voller Futterneid darauf. Jede will alles für sich haben.

Das Angebot an Pommes und zum Nachtisch häufig auch Brot oder Kuchen, die die Touristen gelegent-

lich gern mit ihnen teilen, ist in der Hauptsaison für die Möwen absolut ausreichend.

Wenn in Vor- oder Nachsaison in den Pommesbuden die Nachfrage aber noch nicht in Gang gekommen ist oder aber nachläßt, wenn also die Umsätze stagnieren, dann können Sie am eigenen Leibe erfahren, wie trickreich der ostfriesische Pommesbudenbesitzer die Möwen einsetzt, um seine Umsätze anzukurbeln. Bei stagnierenden Umsätzen werden die Möwen 'auf Mann' gehetzt. Die Möwen stürzen sich ausgehungert auf den erstbesten Touristen mit seiner Pommestüte, rot oder weiß, kalt oder heiß, das ist ihnen egal. Sie versuchen alles, ihm seine Tüte abzunehmen. Und das in einer Weise, daß Alfred Hitchcock mit seinem Film 'Die Vögel' dagegen ein Waisenknabe ist. Wenn er sehen könnte, was in den Häfen live geschieht, dann würde er seinen Film in Ostfriesland gleich noch einmal neu drehen, so er denn könnte.

Der völlig überraschte Pommesfreund aber läßt seine Tüte vor Schreck fallen. An ein Aufheben ist gar nicht zu denken, weil sich gleich Dutzende von Möwen auf das am Boden liegende warme Mahl stürzen, das die Möwen zum Dank für ihren Einsatz behalten dürfen.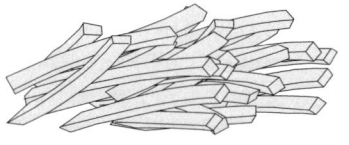

Der noch immer hungrige Pommesfreund aber geht zurück in die Pommesbude, holt sich eine neue Portion Pommes und ißt sie, diesmal sicher, unter dem Pommesbudendach. So ist allen geholfen. Der Pommesbudenbesitzer steigert seinen Umsatz, die Möwen werden satt und der Tourist ist um eine Erfahrung und ein schönes Erlebnis in der freien Wildbahn der Möwen reicher geworden.

Fast immer sind es nur die großen, dicken Möwen mit den grauen Flügeln und dem roten Punkt auf dem langen, gelben Schnabel, die für die Umsatzsteigerung der Pommesbudenbesitzer eingesetzt werden. Die können das besonders gut. Sie sind außerdem aber auch unheimlich schadenfroh und lachen sich nach vertilgter Mahlzeit über den verschreckten Touristen auch noch halb tot. Der nennt sie deshalb Lachmöwen.

Darüber müssen die Möwen dann noch mehr lachen. Sie wissen ja nur zu genau, daß Lachmöwen nur im Binnenland anzutreffen und daß sie selbst Silbermöwen sind.

Das wissen Sie nun also auch.

Da die Silbermöwe sehr stark und kräftig ist und stets hungrig, beansprucht sie für sich ein ziemlich großes Revier, in dem sie keine Konkurrenz duldet. Dennoch wagt sich ab und zu eine kleinere Möwenart in ihre Nähe. Die sieht fast genauso aus wie eine Silbermöwe, hat allerdings einen roten Schnabel und trägt dazu eine schwarze Kopfbedeckung: die Seeschwalbe.

Wenn Ihnen aber mal eine Möwe mit kürzerem Schnabel begegnet, eine, deren ringsherum weißes Federkleid in einen leichten Cremeton übergeht, dann haben Sie es mit einer in Ostfriesland fast ausgestorbenen  Möwenart zu tun: der Paloma blanca, die auf ihrer Rückreise in südliche Gefilde vermutlich die Orientierung verloren hat.

Melden Sie Ihre Entdeckung unter genauer Angabe des Fundortes bitte schnellstmöglich dem nächsten Fremdenverkehrsbüro, das dann die zuständigen Stellen des Tierschutzes informieren wird. Man wird es Ihnen mit einem Lächeln danken. Garantiert.

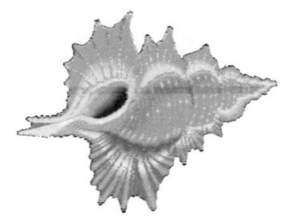

Endreinigung
Lassen Sie das Putzen und lassen Sie putzen

Schneller als erwartet kommt das Ende Ihres Urlaubs und damit die Notwendigkeit, Ihrer Unterkunft eine gründliche Säuberung angedeihen zu lassen, die Endreinigung. Wohnten Sie in einem Hotel, dann brauchen Sie sich um nichts zu kümmern, wohnten Sie in einem Ferienhaus oder in einer Ferienwohnung,

dann kommen Reinigungspflichten auf Sie zu; denn Ihre Nachmieter möchten in eine saubere Unterkunft einziehen.

An sich sollten Sie Urlaubsobjekte meiden, bei denen Ihnen umfassende Reinigungspflichten oder die Kosten hierfür auferlegt werden. Die Mieten sind hoch genug, und der Vermieter ist sowieso verantwortlich dafür, daß der neue Mieter in eine saubere Unterkunft einziehen kann.

Leider gehen darüber, wer nun die Bude putzen oder dafür bezahlen soll, die Meinungen häufig auseinander. Mal läßt der Vermieter eine Reinigung in Eigenleistung zu, mal besteht er darauf, daß sein Personal oder er selbst die Endreinigung übernimmt. Die soll dann extra bezahlt werden, und das nicht zu knapp. Manchmal ist die Endreinigung aber auch im Mietpreis eingeschlossen, was die sauberste Lösung wäre. Darum sollten Sie diesem Punkt in Ihrem Mietvertrag besondere Beachtung schenken.

Wenn der Vermieter die Endreinigung in Eigenleistung zuläßt, dann kommt manche Hausfrau auf die Idee, sich die Kosten für die Endreinigung sozusagen selbst zu verdienen und selbst gründlich sauber zu machen.

Ich rate von diesem Tun gründlich ab. Es ist doch total verrückt, im Anschluß an seinen Urlaub eine fremde Wohnung, ein fremdes Haus gründlich zu putzen. Sie sparen auch gar nichts bei dieser Aktion. In der Regel müssen Sie das Haus bis zehn oder spätestens zwölf Uhr verlassen und geputzt haben. Das wird eine ziemliche Hetze, an deren Ende Sie sich vielleicht schweißgebadet nach einer Dusche sehnen. Die mögen Sie aber, weil bereits frisch geputzt, nicht mehr benutzen. Außerdem drängt die Zeit. Sie müssen die Schlüssel abgeben. An Ihrem letzten Urlaubstag geraten Sie schon wieder gründlich in Streß, anstatt die letzten Stunden noch zu genießen.

Und wie sieht es mit Ihrer Ersparnis aus? Zwar sparen Sie die Kosten für die Endreinigung, aber Sie bezahlen Miete für eine Wohnung, für ein Haus, das Sie gar nicht mehr benutzen und nicht mehr benutzen können. Sie mieten Wohnung oder Haus nur, um sie zu putzen.

Auf die blödsinnige Idee, sich zu Hause eine Wohnung oder ein Haus für einen Tag zu mieten, um sich darin dann kostenlos für Fremde putzend zu betätigen, würden Sie ganz bestimmt nicht kommen. Warum dann im Urlaub? Hat das viele Nichtstun im Urlaub Sie um den Verstand gebracht?

Gönnen Sie sich an Ihrem letzten Urlaubstag lieber besonders viel Ruhe. Die brauchen Sie, um Ihre Rückfahrt entspannt antreten zu können. Bezahlen Sie die Endreinigung lieber, und glauben Sie nicht, daß Sie etwas verdient hätten, wenn Sie selbst putzen. Außerdem sind Sie so aus der Verantwortung für die Sauberkeit in Ihrer Unterkunft.

Reisen Sie notfalls einen Tag früher ab! Von dem überzahlten Tag kann der Vermieter dann ja sein Reinigungspersonal bezahlen. Für Sie stimmt diese Rechnung, und Ihr Vermieter kann Sie nicht zwingen, noch einen Tag länger in Ihrer Unterkunft zu wohnen. Denken Sie daran, daß Sie zu Hause bei einem Auszug aus Ihrer Mietwohnung auch nur verpflichtet sind, diese besenrein zu übergeben. Auf mehr sollten Sie sich auch bei einer Ferienwohnung oder einem Ferienhaus nicht einlassen.

Zögern Sie auch nicht, Ihren Vermieter zu fragen, ob er nach einem Hotelaufenthalt jemals auch nur einen einzigen Cent für die Endreinigung seiner Unterkunft hat bezahlen oder ob er auch nur hat aufräumen oder ausfegen müssen. Wenn er Ihre Frage verneinen muß, was ganz sicher der Fall ist, dann sollte das Thema Endreinigung für Sie erledigt sein.

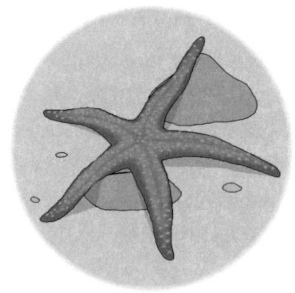

Nachwort

Sehr verehrte Frau Touristin,
Sehr geehrter Herr Tourist,
liebes Touristenkind,
sicher haben Sie bemerkt, daß es an einigen Stellen in meinem Urlaubsratgeber wohl doch nicht so ganz mit rechten Dingen zugehen kann. Und ich will jetzt auch wirklich ganz ehrlich sein: An einigen Stellen habe ich tatsächlich ein bißchen geflunkert. Wo, das finden Sie auf den folgenden Seiten.
Also nichts für ungut ....

Volker ut Westerend

Alles

gelogen

?!?

Nein, nicht alles ist gelogen. Fast alles stimmt. Was nicht stimmt, das finden Sie auf den folgenden Seiten:

Moin
Es stimmt wirklich alles.

Tourist
Auch hier stimmt alles. Sie sind bestimmt auch einer.

Turie
Diesen Urlaubstyp kennen Sie sicher auch.

Reisezeiten
Die Wintermonate haben ihren Reiz und gelten als besonders erholsam.

Transrapid
Der ist in Ostfriesland noch nicht einmal in Planung, und Ostfriesland ist natürlich auch kein Bundesland, sondern ein Freistaat.

Allein in Urlaub
Wenn es nicht anders geht, dann könnte es so gehen.

Ausgleichende Gerechtigkeit
Dies ist durchaus eine Möglichkeit, Daheimgebliebenen eine kurze Freude zu machen. Aber ob das reicht?

Wetter
Das Wetter kann man nicht ändern. Wenn man mit ihm nicht zufrieden ist, dann muß man eben seine Einstellung zum Wetter ändern und seine Kleidung auch.

Klimakatastrophe
Wünschen Sie sich eine neue Eiszeit? Davon gab es schon mehrere auf der Erde. Augenblicklich leben

wir in einer sogenannten Warmzeit. Das ist die Zeit zwischen zwei Eiszeiten. Daß es auf der Erde immer wärmer wird, werden wir nicht verhindern. Würden wir ab morgen auf jeglichen CO_2-Ausstoß verzichten, dann würde die Erde sich trotzdem weiter erwärmen. Aber an den Versuchen, hier etwas aufzuhalten, läßt sich von den Kassandra-Rufern gut verdienen. Sie werden deshalb noch viel bezahlen müssen, ohne daß sich etwas ändert. Aber auch die nächste Eiszeit kommt bestimmt. Schade, daß Sie das nicht mehr erleben werden. Pythagoras war übrigens der mit den Katheten-Quadraten und dem Hypothenusen-Quadrat. Der Test mit den Eiswürfeln ist Archimedes zu verdanken, nicht Pythagoras.

Salzwiesen
Auf den Salzwiesen weidende Schafe oder Rinder haben tatsächlich ein besonders schmackhaftes Fleisch. Aber auf Milch und Butter hat das Salz der Salzwiesen keine Auswirkungen.

ALDI
Alles stimmt, bei ALDI stimmt's auch.

Fähren
Jens Watt hat natürlich die Dampfmaschine nicht erfunden. Das war der Schotte James Watt. Raddampfer wurden auch noch nie von Pferden über Land gezogen, Pferde haben auch noch nie den Radantrieb von Raddampfern betätigt. Das Rad könnte in Ostfriesland erfunden worden sein, aber sicher ist das nicht. Leonardo da Vinci hat tatsächlich die Schiffsschraube erfunden, sie wurde in Ostfriesland nicht neu erfunden. Und natürlich gibt es den Raddampfer 'Sottewer' heute auch nicht mehr.

Ob Rudolf Diesel seinen Motor auf Norderney erfunden hat, das ist nicht überliefert.

Wenn man wegen zu niedrigen Wasserstands die Fähren nach Juist nicht mehr benutzen kann, dann muß der Urlaub verlängert oder es muß geflogen werden.

Ob man sich dabei dann für eine Rettungsweste oder einen Fallschirm entscheiden kann, das sagt Ihnen der Pilot.

Fliegen
Die vielen Fliegenarten habe ich natürlich nicht selbst gezählt. Ich habe ihre Zahl einfach dem BROCKHAUS entnommen. Ihre lateinischen Namen habe ich erfunden. Und natürlich habe ich außer in diesem Büchlein niemals über Fliegen geschrieben. Selbstverständlich können Sie so viele Fliegen mit nach Hause nehmen wie Sie mögen. Und Sie können auch mit jedem x-beliebigen Gegenstand auf diese Plagegeister einschlagen.

Störtebeker
Es hat ihn wohl wirklich gegeben. Ich habe hier nur wiedergegeben, was über ihn noch heute erzählt wird.

Weiterbildung
Hier stimmt einfach alles. Aber selbstverständlich verlangt niemand von Ihnen, daß Sie in einen Wassergraben springen. Es genügt, wenn Sie drüber springen.

FKK-Strände
So ganz ernst zu nehmen ist die Erlaubnis zum Nacktbaden als kaiserliche Sozialleistung natürlich nicht. Und vielleicht kennen Sie ja auch selbst die eine oder

andere Möglichkeit, mit einer Erektion fertig zu werden. Der Rest stimmt. Nordseefische gehen tatsächlich auf Wurm, sie bevorzugen allerdings den Wattwurm. Auf dem Meeresboden sind häufig 'Sandkringel' zu sehen. Darunter finden sich Wattwürmer. Angler graben sie aus und benutzen sie als Köder für Nordseefische. – In gut geführten Schlachtereien gibt es als ostfriesische Spezialität ebenfalls Wattwürmer. Sie sind etwa einen Meter lang, dünn wie ein Wattwurm, geräuchert und bestehen aus Schweinefleisch. Köstlich.

Boßeln
Es sieht nur so aus, als ob es das Ziel der Boßler sei, ihre Kugeln in die Straßengräben zu rollen und dann ewig lange nach ihnen zu stochern. Aber es kommt eben sehr häufig vor, daß die Kugeln im Straßengraben landen.

Handys
Ob Sie eins haben oder nicht, Sie wissen bestimmt Bescheid.

Ebbe und Flut
Gibt es tatsächlich schon viel länger als Menschen denken können. Sie werden wirklich von der Anziehungskraft des Mondes beeinflußt, aber auch von der Anziehungskraft der Sonne, von der durch die Erdrotation verursachten Fliehkraft und von anderen Faktoren. Und selbstverständlich lebten auch die Ostfriesen noch nie hinter dem Mond. Das ist nur ein Gerücht.
Aggressive Lösungsmittel zur Reinigung Ihrer Füße sollten Sie lieber nicht verwenden, allenfalls ein paar Tropfen spezielles Reinigungsbenzin (aus der Apotheke).

Wattwanderungen
Natürlich nicht mit Fahrrädern oder Motorfahrzeugen. Und niemals ohne Wattführer.

Ansichtssachen
Vielleicht sind Sie anderer Ansicht, aber es stimmt alles.

Mücken
Alles stimmt, nur die lateinischen Namen dieser Plagegeister habe ich erfunden. (siehe auch das Kapitel 'Fliegen').

Windkraftanlagen
Ich will hier keinen Wind machen, aber klappen würde das mit den Windkraftanlagen tatsächlich. Die Leistung dieser 'Windmaschinen' würde aber bestenfalls zum Segeln auf einem etwas größeren Gartenteich ausreichen. Ostfriesland hat auch ohne diese 'Windmaschinen' fast immer genügend Wind. Einfach mal abwarten.
EWE ist der Energieversorger Ostfrieslands (Strom und Gas) mit Hauptsitz in 26122 Oldenburg (Oldb).
Windstärken werden auf der Beaufort-Skala gemessen, die von 0 - 12 geht, darüber hinaus aber offen ist wie die Richter-Skala, mit der die Stärke von Erdbeben gemessen wird.
Mit Manometern (aus dem Griechischen kommend) wird der Druck von Flüssigkeiten oder Gasen gemessen, aber nicht die Windstärke, die man mit einem Anemometer, also einem Windmesser, mißt. Manon hat damit nichts zu tun. Manon ist einfach der französische Kosename für Maria.

Diäten
Probieren Sie alle aus. Und urteilen Sie dann. Oder

futtern Sie weiter, wenn es Ihnen schmeckt. Das ist eigentlich am schönsten.

Jever Pils
Trinken Sie ruhig noch eins.

Rauchen
Bei den ständig steigenden Preisen finden Sie vermutlich sowieso bald Ihre eigene Methode, das Rauchen zu lassen. Wenn das nicht klappen sollte, dann versuchen Sie doch einfach, auf die preiswerte Marke 'Van Anderen' umzusteigen.

Butterfahrten
Die gibt es heute leider wirklich nicht mehr, aber auf Helgoland können Sie nach wie vor zollfrei einkaufen, auch Butter.

Hunde
Da stimmt alles.

Museumseisenbahn
Die gibt's natürlich wirklich. Bei den Wagenklassen habe ich ein bißchen gemogelt. Bei 'Drei' hört es auf. Die zu groß geratenen Hinterteile mancher Mitmenschen sind daher wohl eher auf zu wenig als auf zu viel Bewegung zurückzuführen. Vielleicht liegt es einfach an den Genen, oder die betroffenen Mitmenschen haben es 'an den Drüsen', denn alle essen nach eigenen Beteuerungen nur sehr wenig und 'bewußt', was immer der Einzelne darunter verstehen mag.

Krabben und Fischstäbchen
Alles stimmt, nur Fischstäbchen gibt es entweder in den Tiefkühltruhen der Supermärkte oder in den Re-

staurants.

Krabben pulen
Krabben sind stumm und schmecken gut. Das ist ihr Pech. Sie werden so gepult, wie hier beschrieben. Es stimmt also alles.

Sushi auf ostfriesisch
Hier stimmt einfach alles.

Haie und andere Fische
Auch hier stimmt alles.

Walfische
Nichts erfunden, nichts gelogen.

Möwen
Die Möwen werden selbstverständlich nicht 'auf Mann' dressiert. Aber sie sind frech und klauen auch schon mal. Sie fressen fast alles, was sie kriegen können und 'filzen' selbst Papierkörbe nach Essensresten. Und eine 'Paloma blanca' ist natürlich keine Möwe, sondern ganz einfach eine weiße Taube.

Endreinigung
Auch ich bin gelegentlich Urlauber und damit ebenfalls Betroffener. Meine Meinung hierzu habe ich gesagt. Bilden Sie sich Ihre.